ROBIN CROSS

I. UND II. WELTKRIEG

IN WORT & BILD

tosa

Originaltitel »WORLD WAR I IN PHOTOGRAPHS« und
»WORLD WAR II IN PHOTOGRAPHS«,

Übersetzung von Rudolf Kaspar
Umschlag von Kraxenberger KommunikationsHaus GmbH, München

Printed in Italy

EINLEITUNG: DER WEG IN DEN ERSTEN UND ZWEITEN WELTKRIEG

VOR DEN ERSTEN SCHÜSSEN

Immer mehr Historiker betrachten den Zweiten Weltkrieg als »letzte Schlacht des Ersten Weltkriegs« – und das mit gutem Grund: Der Versailler Vertrag wurde in Deutschland als ungerecht erlebt, seine Bestimmungen wurden fast sofort untergraben. Doch langsam und von vorn.

Der Erste Weltkrieg begann formal am 28. Juli 1914 mit der Kriegserklärung Österreich-Ungarns an Serbien. Doch diese war nicht seine Ursache. Auch die Ermordung des Thronfolgers des Habsburger-Reiches einen Monat zuvor in Sarajevo war nur der Anlaß, der das Pulverfaß Europa zum Explodieren brachte. Die eigentlichen Gründe für den Krieg liegen tiefer und reichen weiter zurück.

Wenn hier die Vorgeschichte des Krieges aufgeblättert wird, so mit dem Ziel, daß wenn schon nicht die Zeitgenossen, so wenigstens wir heutigen verstehen können, wieso plötzlich ganz Europa in Flammen stand.

Besonders schwer fällt uns heute nachzuvollziehen, wie man auf einen räumlich wie zeitlich eng begrenzten Krieg hoffen konnte. Doch die Vorkriegszeit war reich an lokalen Kriegen und Krisen. Ein Krieg galt als legitimes Mittel der Durchsetzung politischer Ziele. Allein in der Zeit nach 1900 spielten sich in und um Europa sechs Kriege ab. Was die Weltkriege des 20. Jahrhunderts von anderen bewaffneten Konflikten unterscheidet, an denen dieses Jahrhundert zu jeder Zeit, auch nach 1945, überreich war, ist ihre räumliche Ausdehnung. Die Vielzahl der Fronten, vor allem das Eingreifen der Vereinigten Staaten von Amerika, machten diese bewaffneten Auseinandersetzungen zu weltumspannenden Kriegen.

Unmittelbar nach Kriegsbeginn fragte der ehemalige Reichskanzler Fürst Bülow den damaligen Reichskanzler, Bethmann-Hollweg, wie dies alles bloß gekommen sei. Bethmann hob mit einem unbeschreiblich hilflosen und traurigen Ausdruck im Blick seine langen Arme gen Himmel und antwortete mit dumpfer Stimme: »Ja, wer das wüßte!«

Kriege zwischen 1900 und 1914:

1904/05	Russisch-japanischer Krieg
1905	1. Marokko-Krise
1908/09	Bosnien-Krise
1911	2. Marokko-Krise (Panthersprung nach Agadir)
1911/12	Italienisch-türkischer Krieg
1912/13	1. Balkankrieg
1913	2. Balkankrieg

INNERE SCHWÄCHEN

Der Erste Weltkrieg brach 43 Jahre nach Bismarcks Reichsgründung und 24 Jahre nach seiner Entlassung durch Kaiser Wilhelm II. 1890 aus. Deutschland wie Österreich waren in dieser Zeit durch starke soziale Gegensätze geprägt, durch den Beginn der Arbeiter- und der Frauenbewegung. Es war die Zeit Viktor Adlers und Bertha von Suttners, Rudolf Steiners und Siegmund Freuds, die Zeit des Jugendstils und der Elektrifizierung, die Zeit einer ungeheuren Aufbruchstimmung.

Die Zeit vor dem Krieg galt rückblickend als »gute alte Zeit«. Das war für Deutschland wie für Österreich-Ungarn die Zeit unter »dem Kaiser«. Deutschland wollte später »unsern alten Kaiser Wilhelm wiederhaben«, in Österreich sind Kaiser Franz Joseph und seine »Sissy« bis heute lebendig und präsent. Das kultivierte Klima des Rechtsstaats, die technischen Entwicklungen, der Glaube an den Fortschritt und das Gefühl der Sicherheit der bestehenden Ordnung verbanden sich zum Idealbild einer schillernden Regenbogenkultur, der Nostalgiker bis heute nachtrauern.

Demgegenüber standen grundlegende strukturelle Probleme der Staaten. Solange der Glaube an die Obrigkeit unangefochten war, spielten sie keine Rolle, im Moment der Krise entfalteten sie ihre tödliche Wirkung.

In DEUTSCHLAND war ein solches Problem das Fehlen einer eigentlichen Reichsregierung. Reichsämter wurden von Staatssekretären verwaltet, teils in Personalunion mit preußischen Ministern (Inneres, Äußeres), teils selbständig (Marine, Kolonien). Die Staatssekretäre waren dem Reichskanzler untergeordnet und nicht als Kollegen gleichgestellt. In der Praxis verfolgte jeder seine eigenen Ziele und sicherte sich so gut wie möglich durch direkte Beziehungen zum Kaiser ab.

Die Folge war: Es gab nirgends eine klare politische Verantwortung; überall herrschte scheinbare Macht, Ohnmacht, angemaßte, geteilte oder verborgene Macht. Immer einflußreicher wurden die neu entstandenen Interessenvertretungen, der Zentralverband Deutscher Industrieller, der Bund der Landwirte, die Kolonialgesellschaft oder der Deutsche Bauernbund.

Das Deutsche Reich hatte keine verantwortliche Regierung. Wer sich durchsetzen wollte, betrieb Lobbyismus beim Kaiser.

Diese Situation führte beim Ausbruch des Ersten Weltkriegs dazu, daß die eine Hand nicht wußte, was die andere tat: Während die Militärs bereits rüsteten, verhandelten die Diplomaten noch in ehrlichem Bemühen, den Konflikt beizulegen.

ÖSTERREICH-UNGARN stand bei Kriegsausbruch vor einer Zerreißprobe. Erst 1867 war der Ausgleich mit Ungarn erfolgt, der die ungarische Unabhängigkeit anerkannte und die Monarchie erst zum Doppelstaat Österreich-Ungarn machte, dessen Staaten in Personalunion miteinander verbunden waren.

Kaiser Franz Joseph I. sah in der Vielfalt des Vielvölkerstaates eine Stärke und appellierte an das Heer, diese zum Gemeinwohl einzusetzen: »... Gemeinsam und einheitlich wie es ist, soll Mein Heer bleiben, die starke Macht zur Verteidigung der Österreichisch-Ungarischen Monarchie gegen jeden Feind. ... Getreu ihrem Eid wird Meine gesamte Wehrmacht fortschreiten auf dem Wege ernster Pflichterfüllung, durchdrungen von jenem Geiste der Einigkeit, welcher jede nationale Eigenart achtet und alle Gegensätze löst, indem er die besonderen Vorzüge jedes Volksstammes zum Wohle des Ganzen verwertet ...«

Um die Jahrhundertwende brach der Nationalitätenstreit neu aus. Die Tschechen forderten immer deutlicher eine ähnliche Stellung wie die Ungarn, die radikalen Jungtschechen verlangten die Loslösung von der Monarchie, die Deutschnationalen wollten den Anschluß der deutschsprachigen Gebiete an das Deutsche Reich, und in der ungarischen Reichshälfte wehrten sich die Minderheiten, besonders das autonome Kroatien, gegen die massive Magyarisierungspolitik der Ungarn.

Zusammengehalten wurde die Habsburger-Monarchie in dieser Zeit durch die Armee, die Beamtenschaft und die Person des Kaisers.

FRANKREICH war von 1894 bis 1906 von der Dreyfus-Affäre geschüttelt. Dreyfus, ein glänzender Offizier, zugleich der erste zum französischen Generalstab zugelassene Jude und ein glühender Patriot, war der Spionage verdächtigt und verurteilt worden. Als auch nach seiner Verurteilung die Spionage nicht aufhörte, stellte der neue Leiter des Deuxième Bureau Nachforschungen an, die ihn den wahren Schuldigen finden ließen.

Als er jedoch seine Vorgesetzten aufforderte, diesen zu verhaften und Dreyfus zu rehabilitieren, erhielt er die Mitteilung, dies sei unmöglich. Als er darauf bestand, wurde er nach Algerien versetzt. Vorher sorgte er dafür, daß etwas von seinem Beweismaterial in die richtigen Hände geriet. Doch erst als die ganze Nation vor Empörung tobte – auch Anatole France und Emile Zola beteiligten sich an der Propaganda für Dreyfus –, wurde dessen Prozeß wiederaufgerollt – und zunächst ein zweites Mal zur Farce. Erst 1906 erklärte die Regierung Dreyfus für völlig unschuldig, nahm ihn wieder in die Armee auf und machte ihn zum Mitglied der Ehrenlegion.

Für mehrere europäische Staaten war der Krieg willkommene Ablenkung aus innenpolitischen Krisen. Hinter Problemen nationaler Tragweite traten diese zurück.

Eine Welle des Mißtrauens gegenüber dem Staat war die Folge, und der Ausbruch des Krieges bewahrte die Verantwortlichen davor, die Konsequenzen zu ziehen.

ENGLAND stand nach dem Tod Königin Viktorias (1901) vor schweren Krisen die es bis 1914 an den Rand eines Bürgerkriegs gebracht hatten. Die hohe Arbeitslosigkeit und das Modernisierungsdefizit der Industrie führten zu Arbeiterunruhen und Streikdrohungen. Der Prestigeverlust im südafrikanischen Burenkrieg machte dem Land zu schaffen. Die Irische Frage drohte sich zu einer irischen Revolte auszuwachsen. Dazu kam seit 1905 eine höchst aktive Frauenbewegung, die sogenannten Suffragetten, die ebenso wie die Arbeiter ein Wahlrecht auf der Basis »One man, one vote« forderten.

Der Krieg führte zu einem internen Stillhalteabkommen auf der Grundlage des Status quo und bedeutete eine willkommene Ablenkung von innenpolitischen Problemen.

RUSSLAND hatte sich im 19. Jahrhundert bis zum Pazifik ausgedehnt und Wladiwostok als Kriegs- und Handelshafen gegründet. China hatte ihm gestattet, die Transsibirische Eisenbahn durch die Mandschurei zu führen. Zu deren Absicherung hatte es in der Mandschurei Truppen stationiert und diese Provinz allmählich unter seinen Einfluß gebracht. Aufsichtsvollmachten über das chinesische Finanzwesen und die Gründung der Russisch-chinesischen Bank verlieh den Russen bei der wirtschaftlichen Entwicklung der Mandschurei eine Vorrangstellung. Als Rußland seine während des Boxeraufstands verstärkten Truppen nicht wieder aus der Mandschurei abzog, griff Japan, gedeckt durch ein Abkommen mit England, ein und fügte den Russen in Port Arthur eine vernichtende Niederlage zu. Diese belastete die Stimmung in Rußland und die Stellung des Zaren.

Unglaubliche Stümperei oder weitere Wunder? Am 29. Dezember 1916 sollte Rasputin bei einem Gelage im Palais des Fürsten Felix Jussupow ermordet werden. Der mit Zyankali versetzte Kuchen machte ihn lediglich schläfrig. Als er danach fünf Gläser vergifteten Wein hinunterstürzte, wurde er nur aggressiv und bekam glasige Augen. Nun wurde Jussupow nervös und schoß ihm mit seinem Revolver in die Brust. Während die Mitverschwörer überlegten, was sie mit der Leiche machen sollten, kam ihnen Rasputin taumelnd entgegen. Nach zwei weiteren Schüssen wurde Rasputin in einen Teppich gewickelt und in der eisigen Newa ertränkt.

Die Ermordung des »Wundermönches« Rasputin, einer schillernden Persönlichkeit am Zarenhof, bildete einen weiteren Höhepunkt der Krise. Noch während des Ersten Weltkriegs kam es im März 1917 zum Rücktritt des Zaren und im November 1917 zum Ausbruch der Oktoberrevolution.

DER WAHN DES NATIONALSTAATS

Der Gedanke des Nationalstaats hatte bis zum Ende des 19. Jahrhunderts in ganz Europa Fuß gefaßt. Die Idee »Ein Volk – ein Staat« führte zur Einigung Italiens gegen den Widerstand der Österreicher, und sie führte auch zur Bildung eines deutschen Staates – wenngleich nur in der kleindeutschen Form, die zur Idee des Nationalstaats eigentlich im Widerspruch stand. An den Grenzen Österreich-Ungarns stockte diese Idee, stellte sie doch die Existenz des Habsburgerreiches als Vielvölkerstaat grundsätzlich in Frage.

Die Fertigstellung des Kölner Doms, der jahrhundertelang in zwei Teilen unfertig dastand (Türme und Apsis waren fertig, das verbindende Längsschiff fehlte), wurde im 19. Jahrhundert zum Symbol der nationalen Einheit Deutschlands.

Begriffe wie »Herrschaft« und »Ehre« waren den Staaten nahezu heilig. Jede Nation strebte nach »Größe«. Aus Darwins »Über den Ursprung der Arten durch natürliche Auslese« wurde von geschickten Politikern die Überzeugung abgeleitet, der Starke dürfe auch im Miteinander der Völker den Schwächeren verdrängen.

»Gott denkt in uns ... Er will den Kampf aller gegen alle, damit die Besten, Tüchtigsten als Sieger daraus hervorgehen. Der Starke soll herrschen. Er soll seine Eigenschaften der Nachwelt vererben«, hieß es in einem Machwerk über »Die Weltstellung des Deutschtums«.

Der Geltungs- und Expansionsdrang der Nationalstaaten fand in den 1880er Jahren ein reiches Tummelfeld in Afrika und Asien. Auf dem Wege des Kolonialismus konnten die europäischen Staaten expandieren, ohne daß dieser Imperialismus auf Kosten der Nachbarn ging und Kriege innerhalb Europas erforderlich wurden. Das Ideal der männlich-heroischen Eroberung der Welt, der Machtentfaltung, der Zivilisierung von Unzivilisierten, gleich ob es sich um Indianer, Afrikaner oder Inder handelte, vermischte sich alsbald mit dem Glauben an die Überlegenheit der Weißen, der germanischen Völker, der Amerikaner, Briten oder Deutschen. Die letzte Bastion dieser Überzeugung sollte erst rund hundert Jahre später an der Südspitze Afrikas fallen.

Der Diamantenkönig, phantastische Realist und Staatengründer Cecil Rhodes war überzeugt: »Ich behaupte, daß wir die Erste Rasse in der Welt sind und daß es umso besser für die Menschheit ist, je mehr von der Welt wir bewohnen.«

Auch Deutschland spielte in diesem Spiel – spät und halbherzig, aber doch – mit. Die deutschen Kolonien kosteten mehr, als sie einbrachten. Einzelne Reedereien oder Handelsgesellschaften wurden dabei reich, die Unkosten trug der Steuerzahler. Was zunächst »Kinder des Gefühls und der Phantasie« waren, wie es Bismarcks Nachfolger Caprivi ausdrückte, wurde bald zu sichtbaren Zeugen für den Rang Deutschlands als Weltmacht hochgespielt.

»Wir müssen verlangen, daß der deutsche Missionar und der deutsche Unternehmer, die deutschen Waren, die deutsche Flagge und das deutsche Schiff in China genauso geachtet werden wie diejenigen anderer Mächte. Mit einem Worte: Wir wollen niemand in den Schatten stellen, aber wir verlangen auch unseren Platz an der Sonne.« (Fürst Bülow 1897, als deutscher Außenminister.)

Weltmacht, Weltherrschaft – das waren Ende des 19. Jahrhunderts aktuelle Schlagworte. »Weltstadt Berlin«, das »deutsche Ansehen in der Welt«, Weltpolitik, eine »deutsche Kriegs- und Seemacht« waren zur Jahrhundertwende im deutschen Reich in aller Munde und sprachen dem Bürgertum, das sich nach fundiertem Selbstbewußtsein sehnte, aus der Seele. Aus Bismarcks Staatenbund war unversehens ein Weltreich geworden. Da war plötzlich wieder von einem gemeinsamen Staat aller Deutschen (auch der Schweizer und Österreicher) die Rede, aber auch von der Herrschaft über »solche minderwertigen Völkchen, wie Tschechen, Slowenen und Slowaken« und ihr »für die Zivilisation unnützes Dasein«.

Der englische König Edward VII., über seinen Neffen, den deutschen Kaiser: »Durch seine unglaubliche Eitelkeit fällt mein Neffe auf alle Speichelleckereien der Nationalisten seiner Umgebung herein, die ihm immer wieder versichern, er sei der größte Herrscher der Welt und müsse die Oberherrschaft Deutschlands über die Welt errichten ... Da aber seine Feigheit noch größer ist als seine Eitelkeit, so wird er vor diesen Schmeichlern zittern, wenn sie ihn unter dem Druck des Generalstabes auffordern werden, den Degen zu ziehen.«

Mit dem Gedanken an die eigene Nation und ihre Größe war ein ganzer Ehrenkodex verknüpft, der vorwiegend militäri-

In einer Welt, in der eine Beleidigung der Ehre eines Offiziers recht flott mit einem Duell beantwortet wurde, war die angemessene Antwort auf eine Beleidigung der nationalen Ehre eines Staates – der Krieg.

Rüstungsausgaben der europäischen Staaten in Mio. Goldmark

Goldmark	1905	1910	1913
Deutsches Reich	1.065	1.370	2.100
Österreich-Ungarn	460	660	720
Frankreich	990	1.170	1.325
England	1.260	1.370	1.490
Rußland	1.070	1.435	2.050

»Wir waren in Deutschland noch ein junges Volk, das eine große Zukunft hatte und das sich seine Zukunftsmöglichkeiten nicht durch derartige Institutionen abschneiden lassen zu können glaubte.« (Hans Delbrück, Historiker)

Der »kranke Mann am Bosporus« war in aller Munde. Karl May vergleicht in der Einleitung zu »Winnetou I« die Situation des nordamerikanischen Indianers ausdrücklich mit der des Türken.

»Es war alte österreichische Weisheit, daß die ‚Monarchie' nicht viel länger dauern würde als die Türkei. Beide Staatswesen waren übernational und wurden durch den Grundsatz des Nationalstaates widerlegt. Triumphierte der Balkannationalismus gegenüber der Türkei, würde er auch gegen und in Österreich triumphieren. Der Ausgang des ersten Balkankrieges wurde daher von den Österreichern als Niederlage empfunden.« (Golo Mann)

scher Natur war. In allen Ländern nahm der Einfluß der Militärs auf die Politik zu. Heeres- und Marineoffiziere wurden immer häufiger konsultiert, und vorbereitete Pläne für eventuelle Kriege erhielten ein groteskes Gewicht. Von politischen Entscheidungen, die eine vorbereitete Strategie unnötig machten, wurde massiv abgeraten, da jede Abweichung von den projizierten Operationen verheerende Folgen haben würde.

Es kam zu einem fatalen Kreislauf, der in einem Rüstungswettlauf mündete: Aus Angst um die staatliche Sicherheit wurde aufgerüstet, und die Rüstung wiederum schürte die Angst, durch die sie ihrerseits hervorgerufen worden war.

Mit der Absicht, den Rüstungswettlauf in Europa wenigstens vorübergehend zu kontrollieren, wurden 1899 und 1907 in Den Haag Friedenskonferenzen einberufen. Sie waren von vornherein zum Scheitern verurteilt: Sie hätten das derzeitige Macht- und Gewichtsverhältnis der Staaten der Welt festgeschrieben, und hieran hatte niemand wirkliches Interesse, da jeder Nationalstaat die Mehrung seiner Größe, Ehre und seines Herrschaftsbereichs zum Ziel hatte.

Die Deutschen lehnten es ab, Rüstungsbeschränkungen überhaupt zu diskutieren, was zwar diplomatisch sehr ungeschickt war, aber den anderen Staaten aus der Seele sprach.

Ein weiterer Vielvölkerstaat erlitt seit der zweiten Hälfte des 19. Jahrhunderts ein Schicksal, wie es der Österreichisch-ungarischen Monarchie bevorstand: die Türkei. Beim Berliner Kongreß 1878 wurden die europäischen Teile des Osmanischen Reiches, Rumänien, Serbien, Bulgarien und Montenegro, zu selbständigen nationalen Staaten.

1908 bis 1913 war der Balkan erneut Kriegs- und Krisenschauplatz. Nach der jungtürkischen Revolution zur Umbildung des Osmanischen Reichs in einen Verfassungsstaat kam es 1908 zur Bosnien-Krise. Österreich und Rußland einigten sich auf gegenseitige Unterstützung: Rußland wollte den Zugang zu einem eisfreien Meer (Dardanellen und Bosporus), Österreich annektierte Bosnien und die Herzegowina, die es seit 1878 verwaltete. Serbien sah seine Pläne für ein großserbisches Reich durchkreuzt und machte mobil, und die Russen verzichteten unter internationalem Protest auf ihren Teil des Plans.

1912 führten verbündete Balkanvölker Krieg gegen die Türkei und drängten sie bis an den Bosporus zurück. Die Beute hatten sie im voraus verteilt, doch Österreich verhinderte durch Kriegsdrohungen, daß Serbien bis an die Adria erweitert wurde. Die Russen unterstützten Serbien bei genau diesem Ziel. Die Großmächte in London fanden einen Kompromiß: Die Serben hatten auf ihr Stück Adriaküste, Albanien, zu verzichten, das ein eigener Staat wurde. Das warf den alten Beuteverteilungsplan über den Haufen.

Die Folge war einen Monat später der zweite Balkankrieg, in dem Bulgarien Serbien überfiel. Serbien erschien beinahe verdoppelt auf der Landkarte. Die Russen überließen den Türken, die sich mit Serbien verbündet hatten, wohl oder übel den Bosporus und die Dardanellen, wollten aber verhindern, daß sich irgendeine andere Macht dort einnistete.

DIE FESSEL DER BÜNDNISSE

Bismarck hatte ein europäisches Sicherheitssystem hinterlassen, das den schwelenden Krisenherden Rechnung trug: Die Franzosen hatten den Verlust Elsaß-Lothringens nicht verwunden, von ihnen hatte Deutschland einen Vergeltungskrieg zu fürchten. Die Russen waren mit dem Berliner Kongreß (kein Zugang zum Mittelmeer) unzufrieden, von ihnen ging ebenfalls Kriegsgefahr aus.

Also versicherte sich Bismarck 1879 zunächst der Unterstützung der Donaumonarchie im Falle eines Krieges mit Rußland und ihrer wohlwollenden Neutralität im Falle eines Krieges mit Frankreich (Zweibund, 1882 durch den Beitritt Italiens nach der Besetzung Tunesiens durch Frankreich erweitert zum Dreibund). Bald darauf konnte er für den Fall eines französischen Angriffes die wohlwollende Neutralität Rußlands ausverhandeln (Rückversicherungsvertrag von 1887) und damit an die seit dem Krieg gegen Napoleon bestehende enge Verbindung beider Länder anknüpfen.

Italien erklärte Frankreich zwischen 1900, dem Jahr der Erneuerung des Dreibunds, und 1902, es werde neutral bleiben, falls Frankreich »das Ziel einer direkten oder indirekten Aggression« werde, und auch dann, wenn Frankreich »sich infolge einer direkten Provokation gezwungen sehen sollte, in Verteidigung seiner Ehre und Sicherheit die Initiative zu einer Kriegserklärung zu ergreifen«. Italien hatte 1902 weniger Probleme mit unvereinbaren Verträgen als Deutschland 1890 und garantierte jedem seine wohlwollende Neutralität im Falle eines Kriegs mit Frankreich – auch den Franzosen.

Bismarcks Nachfolger Caprivi und Außenminister Marschall waren wie auch der Kaiser in der Außenpolitik unerfahren. Sie empfanden die vertraglichen Verpflichtungen als miteinander unvereinbar und erklärten daher 1890 den verblüfften Russen, der Rückversicherungsvertrag könne leider nicht verlängert werden.

Über die Bedeutung dieses Schrittes gibt es geteilte Meinungen. Einerseits ist es fraglich, ob er im Ernstfall gehalten hätte. Jedenfalls aber war die Ablehnung der Verlängerung für die Russen ein Schlag ins Gesicht. Sie wandten sich daraufhin an Frankreich. Die Franzosen fürchteten eine deutsche Übermacht nach einem möglichen Sieg über die Russen und verbündeten sich mit diesen. Im Sommer 1891 vereinbarten sie die gegenseitige Konsultation im Falle einer Friedensbedrohung, 1894 wurde daraus ein Militärbündnis für den Fall, daß einer der Partner von einem Dreibundstaat angegriffen wurde.

Damit war eines klar: Wenn es in Europa Krieg geben sollte, würde es für die Mittelmächte ein Zweifrontenkrieg sein.

ENGLAND war zu dieser Zeit neutral, gab aber um die Jahrhundertwende erstmals seine Politik der »splendid isolation« auf und suchte Verbündete. Naheliegend war – die Mutter Kaiser Wilhelms II. war die Schwester des britischen Königs, und es gab zahlreiche Handelsverbindungen – zunächst ein Anschluß an das Deutsche Reich. England wollte auf diesem Wege Einfluß auf den deutschen Flottenbau nehmen und zugleich einen Verbündeten gegen Rußland gewinnen, mit dem es im Vorderen Orient im Streit lag.

In improvisierten Reden sprach der deutsche Kaiser von »schimmernder Wehr«, von »trockenem Pulver und scharfen Schwertern« und der »Scheelsucht des Auslands«. Solche Äußerungen konnten das Ausland nur ebenso verunsichern wie die deutsche Einmischung im Burenkrieg oder in Marokko.

Der Frage einer Flotte wurde damals größte strategische Bedeutung zuerkannt. Die Amerkaner glaubten, die Weltherrschaft werde zur See entschieden, die Engländer betrachteten die Nordsee als ihr ureigenstes Revier, und der deutsche Staatssekretär im Reichsmarineamt, Admiral von Tirpitz, betrachtete

Die deutsche Flotte wurde im Ersten Weltkrieg weder zur Verteidigung der überseeischen Besitzungen eingesetzt noch zum entscheidenden Angriff auf England. Sie war, rückblickend betrachtet, nichts als ein sehr teurer Hoffnungsträger.

eine starke Seemacht als notwendig, damit Deutschland »Seegeltung« erhalte und als starker, gleichwertiger Bündnispartner für andere Großmächte dastehe. Sein Traum waren gemeinsame Manöver mit den Briten – als anerkannter, gleichwertiger Partner. Und Tirpitz gelang es, mit äußerst begrenzten Mitteln innerhalb weniger Jahre ab 1896 die zweitstärkste Flotte der Welt zu schaffen – mehr noch, er war ein Meister der Demagogie und Propaganda und verschaffte seiner Flotte unter der Bevölkerung binnen kürzester Zeit größte Popularität.

Das Tempo und der Umfang des deutschen Flottenbaus war für die Briten besorgniserregend, und so suchten sie zunächst eine Annäherung an Deutschland. Doch dieses glaubte offenbar, den Briten bliebe ohnedies keine andere Wahl als ein Bündnis mit Deutschland, und das wollten sie ihnen so teuer wie möglich verkaufen. Die englischen Angebote wurden mit Rückfragen und der Forderung nach einem vollen Anschluß an den Dreibund beantwortet, wozu England nicht bereit war.

Nach dem Scheitern dieser Verhandlungen bereinigte England in Einzelverträgen mit Japan, Frankreich und Rußland seine kolonialen Streitigkeiten im Fernen Osten, Nordafrika sowie Persien und Afghanistan – eine Möglichkeit, die die deutsche Diplomatie für völlig unmöglich gehalten hatte.

»Bei der Bedeutung, die die leitenden österreichisch-ungarischen Kreise ihrem Schritt beilegen, würde unser Bündnis mit dem Nachbarstaat zweifellos erschüttert werden und einen unheilbaren Riß erhalten, wenn wir in dieser Frage uns als unzuverlässige Freunde erwiesen ...«. Diese Äußerung des deutschen Reichskanzlers von Bülow von 1908 zeigt, wie wichtig Bündnistreue genommen wurde.

Geheimverträgen zwischen England und Frankreich folgte 1904 ein englisch-französisches Verteidigungsbündnis, das 1907 durch ein Abkommen zwischen England und Rußland zur Triple-Entente erweitert wurde.

Damit standen einander in Europa 1907 zwei Bündnissysteme gegenüber, die beide mit der Möglichkeit eines Krieges rechneten. Bündnistreue war zu einer Ehrensache geworden, die bis zur Handlungsunfähigkeit der Staaten führen konnten.

Der »Panther«sprung nach Agadir.

Eine ernste Probe davon gab es 1911, als Frankreich bei Unruhen in Marokko zum Schutz der dort lebenden Ausländer Truppen nach Fez entsandte. Etwas planlos schickte der deutsche Außenminister das deutsche Kanonenboot »Panther« in den marokkanischen Hafen Agadir. Da sich die Franzosen daraufhin nicht aus Marokko zurückzogen, forderte er überraschend die Abtretung von Französisch-Kongo an Deutschland.

Die folgenden wirren Dispute über »nationale Ehre« machten deutlich, wie rasch eine derartige Krise den Frieden gefährden konnte. England bemühte sich daraufhin noch 1912 um ein Abkommen mit Deutschland. Da Berlin aber Gespräche über eine Abänderung des Flottenprogramms davon abhängig machte, daß London seine Neutralität im Falle eines deutsch-französischen Krieges zusagte, verliefen diese im Sand.

Der russische Panslawismus äußerte sich bereits 1871 in Äußerungen wie der folgenden: »Ohne Rücksicht auf die sich darauf ergebenden Folgen hat das Slawentum die Verpflichtung, seiner Idee, die die höchste aller Ideen ist, zu leben und sie zu verwirklichen. Rußlands Aufgabe ist die Befreiung aller Slawen ...« – Eine Auseinandersetzung mit Österreich-Ungarn wurde in dieser Gedankenwelt zum »Endkampf« zwischen Slawen und Germanen.

SERBIEN war seit den Balkankriegen bestrebt, alle Slawen der Region, auch mit Gewalt, in einem großserbischen Reich zu vereinen. Der russische Außenminister Iswolski unterstützte die Serben materiell und ideell. Dem russisch-serbischen Panslawismus stand der österreichische Thronfolger im Wege, da er den Südslawen (Dalmatien, Bosnien-Herzegowina, Kroatien und Slawonien) innerhalb des Habsburger-Reiches größere Selbständigkeit einräumen und diesen Block fester mit dem Reich verbinden wollte.

DIE JULIKRISE 1914

Die Situation am Vorabend der Schüsse von Sarajevo war brisant genug: Ganz Europa glaubte an die Notwendigkeit und Möglichkeit eines begrenzten Krieges. Der Krieg galt als legitimes Mittel zur Beilegung nationaler Streitigkeiten. Die Militärs betrieben massive Kriegsvorbereitungen, der Chef des österreichisch-ungarischen Generalstabes, Franz Graf Conrad von Hötzendorf, erwog einen Präventivkrieg gegen Serbien.

Der 1911 gegründete serbische Geheimbund »Schwarze Hand« unter Oberst Dimitrijevic, dem Leiter des Nachrichtendienstes des serbischen Generalstabs, hatte es sich zum Ziel gesetzt, den ärgsten Feind der serbischen Pläne zu beseitigen. So kam es am 28. Juni 1914 zur Ermordung des österreichischen Thronfolgers, Erzherzog Franz Ferdinand, und seiner Gemahlin, der Herzogin von Hohenberg, in Sarajevo durch Gavrilo Princip.

Daraufhin geschah zunächst einmal nichts – nach außen hin. Hinter den Kulissen aber liefen die diplomatischen Kanäle heiß. Österreich bemühte sich um Hintergrundinformationen, verhörte den Attentäter und holte sich zugleich deutsche Rükkendeckung für den Krieg mit Serbien. Es war offenkundig, aber nicht sogleich nachweisbar, daß Serbien hinter dem Attentat in Bosnien stand. Am 6. Juli versicherte Deutschland Österreich seiner unbedingten Bündnistreue und erteilte damit eine »Blankovollmacht« für alle kommenden Schritte.

Vom 20. bis 23. Juli reisten der französische Präsident Poincaré und Ministerpräsident Viviani nach Petersburg, um Rußland die Bündnistreue Frankreichs zuzusichern.

Am 23. Juli kam endlich Österreichs offizielle Reaktion auf das Attentat: In einem 48stündigen unannehmbaren Ultimatum verlangte Österreich das Ende der gegen Österreich-Ungarn gerichteten Propaganda und die Bestrafung der in Serbien befindlichen Mitglieder des Komplotts – unter Mitarbeit österreichisch-ungarischer Organe auf serbischem Staatsgebiet.

Serbien wehrte sich am 25. Juli unter Hinweis auf seine Souveränität gegen die österreichische Einmischung, machte allerdings weitreichende Zugeständnisse – und gleichzeitig mobil. Österreich erklärte die serbische Antwort für unbefriedigend und reagierte am selben Tag mit dem Abbruch der diplomatischen Beziehungen zu Serbien und einer Teilmobilmachung. Am selben Tag tagte der russische Kronrat in Krasnoje Selo und beschloß, Serbien zu unterstützen.

Nun ging es Schlag auf Schlag. Am 28. Juli erklärte Österreich-Ungarn Serbien den Krieg, am 29. Juli erfolgte die Mobilmachung Rußlands, die der Zar in der folgenden Nacht zurücknahm, als der deutsche Kaiser seine Friedensvermittlung in Aussicht stellte, falls Rußland auf militärische Aktionen verzichte. Am 30. Juli wurde der Zar zur russischen Generalmobilmachung gedrängt. Am folgenden Tag erhielt er ein deutsches Ultimatum mit der Aufforderung, die Kriegsmaßnahmen binnen zwölf Stunden einzustellen und zwölf Stunden später die deutsche Kriegserklärung.

Binnen 14 Tagen waren alle europäischen Staaten im Krieg.

Als Graf Schlieffen 1892 Chef des deutschen Generalstabes wurde, stellte er die Angriffsordnung in den deutschen Kriegsplänen um. Er ging davon aus, daß Frankreich nun so eng mit Rußland verbunden sei, daß jeder Krieg in Osteuropa auch Frankreich einbeziehen werde und mit dessen Vernichtung beginnen müsse. Am Schlieffen-Plan wurde bis 1914 eisern festgehalten.

Aus dem österreichisch-ungarischen Ultimatum an Serbien vom 23. Juli 1914:

»Es erhellt aus den Aussagen und Geständnissen der verbrecherischen Urheber des Attentates vom 28. Juni, daß der Mord von Sarajevo in Belgrad ausgeheckt wurde, daß die Mörder die Waffen und Bomben von serbischen Offizieren und Beamten erhielten …

Die königlich serbische Regierung verpflichtet sich …

4. Aus dem Militärdienst und der Verwaltung im allgemeinen alle Offiziere und Beamten zu entfernen, die der Propaganda gegen Österreich-Ungarn schuldig sind.
5. Einzuwilligen, daß in Serbien Organe der k. und k. Regierung bei der Unterdrückung der gegen die territoriale Integrität der Monarchie gerichteten subversiven Bewegung mitwirken.
6. Eine gerichtliche Untersuchung gegen jene Teilnehmer des Komplotts vom 28. Juni einzuleiten, die sich auf serbischem Territorium befinden; von der k. und k. Regierung hierzu delegierte Organe werden an den bezüglichen Erhebungen teilnehmen. …«

Als der deutsche Kanzler Bethmann-Hollweg erfuhr, daß Britannien im Falle eines Angriffs auf Frankreich nicht neutral bleiben werde, versuchte er, die Österreicher zurückzuhalten. Doch er hatte seine Rechnung ohne die Militärs gemacht. Als der deutsche Stabschef Moltke von der russischen Teilmobilmachung erfuhr, drängte er, ohne den Kaiser oder den Kanzler zu informieren, seinen österreichischen Kollegen in einem Telegramm zur Mobilmachung. Der österreichische Außenminister Berchtold daraufhin zu diesem: »Das ist stark! Wer regiert eigentlich in Berlin?«

DER KRIEG IN DATEN UND FAKTEN

1914

28. Juni Ermordung des österreichischen Thronfolgerpaares in Sarajevo
23. Juli Utimatum Österreich-Ungarns an Serbien
25. Juli Russischer Kronrat in Krasnoje Selo, Belgrad, lehnt das Ultimatum teilweise ab, serbische Teilmobilmachung, österreichische Teilmobilmachung
28. Juli Kriegserklärung Österr.-Ungarns an Serbien
29. Juli Teilmobilmachung Rußlands
30. Juli Generalmobilmachung Rußlands, deutsches Ultimatum an Rußland
31. Juli Deutsches Ultimatum an Frankreich zur Bekanntgabe seiner Neutralität für den Fall eines russisch-deutschen Krieges
1. August Deutsche Mobilmachung und Kriegserklärung an Rußland, Versetzung der britischen Flotte in Kriegsbereitschaft
3. August Deutsche Kriegserklärung an Frankreich und Einmarsch in Belgien
4. August Britische Kriegserklärung an Deutschland nach Einmarsch in das neutrale Belgien
6. August Serbische Kriegserklärung an Deutschland, österr.-ungar. Kriegserklärung an Rußland
11. August Französische Kriegserklärung an Österreich-Ungarn
12. August Englische Kriegserklärung an Österreich-Ungarn
23. August Japan erklärt Deutschland den Krieg
26.–30. August Schlacht bei Tannenberg
5.–12. September Schlacht an der Marne, danach Stellungskrieg an der Westfront
12.–22. Oktober Erste Schlacht um Ypern mit großen britischen Verlusten
2.–5. November Sieg der deutschen Afrika-Truppe bei Tanga (heute in Tansania)
2. November Verminung der Nordsee durch England
5. November Britische Annektion Zyperns
8. Dezember Seeschlacht bei den Falkland-Inseln mit Vernichtung des deutschen Kreuzergeschwaders unter Maximilian Graf Spee
18. Dezember Ägypten wird britisches Protektorat (bis Februar 1922)

1915

19. Februar bis 6. Januar 1916 Invasion bei Gallipoli
22. Februar Uneingeschränkter U-Boot-Krieg
22. April bis 5. Mai Zweite Schlacht um Ypern fordert 60000 britische Tote
1.–3. Mai Schlacht von Gorlice-Tarnow, deutscher Durchbruch an der Ostfront
7. Mai Deutsches U-Boot versenkt den Passagierdampfer *Lusitania*, der auch Waffen und Munition geladen hat
13. Mai Einschränkung des U-Boot-Kriegs
23. Mai Kriegserklärung Italiens an Österreich-Ungarn. Nachfolgend 11 Isonzoschlachten
28. Mai Kriegserklärung Italiens an Deutschland
4. September Daressalam fällt in britische Hand
6. Oktober Krieg gegen Serbien
14. Oktober Kriegseintritt Bulgariens (Mittelmächte)
1915/16 Nächtliche Luftangriffe auf Paris und London mit Zeppelinen

1916

Januar bis Juli Russisches Vordringen im Kaukasus, Armenien wird russisch
21. Februar Beginn der Verdun-Offensive (bis Juli)
29. Februar erneut verschärfter U-Boot-Krieg
31. Mai bis 1. Juni Seeschlacht vor dem Skagerrak ohne Entscheidung, die britischen Verluste (115.000 BRT) sind aber schwerer als die deutschen (61.000 BRT)
24. Juni bis 26. November Schlacht an der Somme
27. August Kriegserklärung Rumäniens an Österreich-Ungarn
24. Oktober bis 16. Dezember Französische Offensive bei Verdun
21. November Tod Kaiser Franz Josephs I.
12. Dezember Friedensdeklaration des Deutschen Reiches, die Alliierten lehnen Friedensverhandlungen ab

1917

1. Februar Uneingeschränkter U-Boot-Krieg als Antwort auf die alliierte Hungerblockade
3. Februar Abbruch der diplomatischen Beziehungen zwischen den USA und Deutschland
8. März Unruhen in St. Petersburg
11. März Einnahme Bagdads durch die Briten, die vom Persischen Golf vordringen
15. März Abdankung des russischen Zaren
6. April Die USA erklären Deutschland den Krieg
April/Mai Scheitern der britisch-deutschen Durchbruchsoffensive an der Westfront
27. Juni Kriegseintritt Griechenlands
31. Juli bis 10. November Dritte Schlacht bei Ypern mit 245.000 Toten und Verwundeten
6./7. November Oktoberrevolution in Rußland
8. Dezember Jerusalem wird von den Türken geräumt
15. Dezember Deutsch-russischer Waffenstillstand

1918

3. März Friede von Brest-Litowsk
7. Mai Friede von Bukarest zwischen Rumänien und den Alliierten
8.–11. August Schlacht an der Somme bei Amiens, »Schwarzer Tag« des deutschen Heeres
September Rückverlegung der deutschen Westfront in die Siegfriedstellung
18./19. September Beginn der Palästinaschlacht. Durchbrechen der türkischen Front bei Jaffa. Bis Oktober rücken die britischen Truppen bis Aleppo vor, unterstützt von arabischen Einheiten
30. September Waffenstillstand zwischen Bulgarien und den Alliierten
21. Oktober Revolution in Wien
31. Oktober Waffenstillstand zwischen England und der Türkei
3. November Aufstand der Matrosen in Kiel
3. November Waffenstillstand zwischen Österreich-Ungarn und den Alliierten
7. November Revolution in München
9. November Ausrufung der Republik, de facto Abdankung Kaiser Wilhelms II.
11. November Rücktritt Kaiser Karls I.
11. November Waffenstillstand und Kriegsende
14. November Waffenstillstand in Ostafrika
11. Dezember Lloyd George fordert von Deutschland den Ersatz der gesamten Kriegskosten

Nachspiel Mit Kriegsende war das große Sterben in Europa keineswegs zu Ende. Die hungernde, geschwächte Bevölkerung war in gesundheitlich schlechtem Zustand, die Ernährung auch in den Wintern nach dem Krieg mehr als dürftig, und so kam es zu einem traurigen Paradoxon der Geschichte: Der Grippewinter 1920 forderte mehr Todesopfer in Europa als der gesamte Erste Weltkrieg. Zu seinen prominentesten Opfern gehörte der österreichische Kaiser Karl. Er starb 1922 an der Grippe im Exil auf Madeira.

EIN AUF SAND GEBAUTER FRIEDE

Im Sommer 1918 hielt Deutschland weite Gebiete Westrußlands besetzt, über seine bulgarischen und österreichischen Trabanten beherrschte es den Balkan. Im Westen standen die deutschen Armeen nur 80 km vor Paris.

Fünf Monate später war der Krieg nicht von den Deutschen, sondern von den Alliierten gewonnen worden. Die deutsche Armee, die im Feld unbesiegt war und noch immer über 200 Divisionen stark war, marschierte nach Hause. Die deutsche Schutztruppe in Ostafrika kapitulierte erst Tage nach dem Waffenstillstand. Ihr fiel das besonders schwer, war es doch General Lettow-Vorbeck gelungen, mit 155 Weißen, etwa 1.200 Askaris und 3.000 Trägern 120.000 Mann alliierter Truppen an der Nase herumzuführen.

Dazwischen hatte General Ludendorff, der seine Armeen retten wollte, auf einen Waffenstillstand um jeden Preis gedrängt, dadurch die Verhandlungsposition der Regierung des Prinzen Max von Baden bis zur Absurdität geschwächt. Und der amerikanische Präsident und Princeton-Professor Woodrow Wilson hatte mit seinen »14 Punkten« die Idee eines gerechten Friedens in die Welt gesetzt und zugleich die deutsche Nation aufgefordert, sich von ihrem Kaiser zu trennen.

In der deutschen Bevölkerung hatte die Niederlage in dem Krieg, den sie den Versicherungen der Regierenden zufolge zu gewinnen im Begriff stand, ein schweres Trauma ausgelöst. Die Soldaten hatten das Gefühl, die Heimat sei ihnen mit dem Ansuchen um Waffenstillstand in den Rücken gefallen – Ludendorff, der zunächst den überstürzten Beginn der Kapitulation erzwungen hatte, wetterte nun gegen die allzu große Nachgiebigkeit gegen den amerikanischen Präsidenten.

Der deutsche Reichskanzler Friedrich Ebert leistete, ohne es zu wollen, der Dolchstoßlegende Vorschub, als er die heimkehrenden Truppen am Brandenburger Tor in Berlin mit den Worten begrüßte: »Kein Feind hat euch überwunden! Erst als die Übermacht der Gegner an Menschen und Material immer drückender wurde, haben wir den Kampf aufgegeben.«

Wilsons 14 Punkte waren die Grundlage, auf der Deutschland um einen Waffenstillstand gebeten hatte. Sie sahen das Ende der Geheimverträge vor, eine Rüstungsbeschränkung, den Fall aller Handelsschranken, das Recht der Völker auf Selbstbestimmung, die Grenzziehung nach nationalen Gegebenheiten und das Ende der Annexionen und als Strafe gedachten Kriegsentschädigungen. Hinzu kam Wilsons liebstes Kind, die Gründung des Völkerbunds, der für die Bewahrung des Friedens sorgen sollte.

Bereits die Waffenstillstandsbedingungen waren hart. Doch der Versailler Vertrag ließ von Wilsons Punkten fast nichts mehr ahnen. Deutschland mußte Elsaß-Lothringen, Posen, Westpreußen, das Hultschiner Ländchen, Oberschlesien und das Memelgebiet abtreten, Danzig wurde freie Stadt, das Saargebiet für 15 Jahre unter die Verwaltung des Völkerbundes

Am 11. August 1918, drei Tage nach dem »Schwarzen Tag« des deutschen Heeres an der Westfront, bot Ludendorff dem Kaiser seinen Rücktritt an. Dieser lehnte ab, bemerkte jedoch: »Ich sehe, daß wir Bilanz ziehen müssen. Wir sind fast an der Grenze unserer Widerstandsfähigkeit. Der Krieg muß beendet werden.«

»Ich tastete und taumelte zum Schlafsaal zurück, warf mich auf mein Lager und grub den brennenden Kopf in Decke und Kissen ... Es war also alles umsonst gewesen. Umsonst all die Opfer und Entbehrungen.« – Adolf Hitlers Reaktion auf die Nachricht vom Waffenstillstand war kein Einzelfall. Er erfuhr davon in einem Militärlazarett im pommerschen Pasewalk, wohin er nach einem belgischen Gasangriff halb blind gekommen war.

Bei den Verhandlungen der Alliierten in Paris war die deutsche Frage besonders strittig. Frankreich wollte eine dauernde Schwächung Deutschlands, England wollte Frankreich nicht zu mächtig werden lassen und sah in Deutschland einen künftigen Handelspartner. Voller Erregung beschuldigte der französische Präsident Clemenceau den englischen Premier Lloyd George, er sei ein Feind Frankreichs. »Selbstverständlich«, war die kühle Antwort des Briten. »Das war schon immer unsere Politik.«

Beim Waffenstillstand mußte Deutschland Lokomotiven, Lastwagen und Kriegsmaterial ausliefern, von den Gewehren der Soldaten war jedoch keine Rede. »Sie haben tapfer gekämpft, sie mögen ihre Waffen behalten«, sagte General Foch später.

»Es wird von uns verlangt, daß wir uns als die allein Schuldigen am Krieg bekennen; ein solches Bekenntnis wäre aus meinem Munde eine Lüge.« Der deutsche Außenminister von Brockdorff-Rantzau wies in Versailles auf die Hunderttausenden Hungertoten unter der Zivilbevölkerung hin, die die alliierte Lebensmittelblockade Deutschland gekostet hatte. »Denken Sie daran, wenn Sie von Schuld und Sühne sprechen. Ein Frieden, der nicht im Namen des Rechts von der Welt verteidigt werden kann, würde immer neue Widerstände gegen sich aufrufen.«

»Wien, den 11. November. Der Kaiser hat folgende Kundgebung erlassen:
Seit Meiner Thronbesteigung war Ich unablässig bemüht, Meine Völker aus den Schrecknissen des Krieges herauszuführen, an dessen Ausbruch ich keinerlei Schuld trage.
Ich habe nicht gezögert, das verfassungsmäßige Leben wieder herzustellen, und habe den Völkern den Weg zu ihrer selbständigen staatlichen Entwicklung eröffnet ...
Im voraus erkenne Ich die Entscheidung an, die Deutsch-Österreich über seine künftige Staatsform trifft.
Das Volk hat durch seine Vertreter die Regierung übernommen. Ich verzichte auf jeden Anteil an den Staatsgeschäften.
Gleichzeitig enthebe Ich Meine österreichische Regierung ihres Amtes ...«

Karl m. p.

gestellt, die Frankreich ausübte, auch die Kohlengruben fielen an Frankreich. Das linke Rheinufer wurde von den Alliierten auf deutsche Kosten besetzt. Deutschland mußte ferner auf seine Kolonien verzichten, fast sein gesamtes Kriegsmaterial abliefern, alle Festungen bis 50 km östlich des Rheins schleifen und durfte nur ein kleines Berufsheer ohne Panzer, Luftwaffe und schwere Artillerie aufstellen.

Was die Deutschen besonders empörte, war Artikel 231, nach dem »Deutschland und seine Verbündeten als Urheber für alle Verluste und Schäden verantwortlich sind, die die alliierten und assoziierten Regierungen ... infolge des Krieges, der ihnen durch den Angriff Deutschlands und seiner Verbündeten aufgezwungen wurde, erlitten haben«.

Die Kriegsschuldfrage und die Dolchstoßlegende sorgten für bleibenden Zündstoff in Deutschland. Den Nährboden dafür bildeten die Hungersnot nach Mißernten in den ersten Nachkriegsjahren, die Arbeitslosigkeit und die fast hoffnungslose Lage der Wirtschaft, die alle Handelsschiffe mit mehr als 160 t und die Hälfte aller kleineren Schiffe, Vieh, Kohle, Benzol, Lokomotiven, Eisenbahnwagen, Maschinen, Unterseekabel und vieles mehr an die Alliierten abliefern mußte.

Diese verhinderten durch hohe Schutzzölle den Absatz deutscher Waren ins Ausland, so daß die Regierung den Staatshaushalt und die Reparationszahlungen nur durch Inflation und ein immer größeres Defizit finanzieren konnte.

ÖSTERREICH erlebte mit Kriegsende den Zusammenbruch des Vielvölkerstaates. Unter Berufung auf das von Wilson propagierte Selbstbestimmungsrecht beschlossen die Völker der westlichen Reichshälfte den Abfall vom Reich, und als Ungarn und nach ihm auch andere Nationalitäten in einer kritischen Situation ihre Truppen von der Front abzogen, blieb dem österreichischen Armee-Kommando am 3. November 1918 nur mehr die Kapitulation.

Auch das neue, verkleinerte Österreich wurde mit der Kriegsschuld belastet, zum Rechtsnachfolger der Monarchie erklärt und zu Reparationszahlungen verpflichtet, während die Neustaaten zu den Siegern zählten. Der Vertrag von St-Germain vom 10. September 1919 sah die Begrenzung des österreichischen Berufsheers auf 30.000 Mann vor, es durfte keine schweren Waffen und keine See- und Luftstreitkräfte besitzen.

Gleich nach Kriegsende bildeten sich in ganz Österreich Heimatwehren und andere militante Organisationen, die die innere Ordnung aufrechterhalten und äußere Feinde abwehren wollten. Als es in der neuen Republik zu inneren Spannungen kam, standen namentlich die konservative Heimwehr und der Republikanische Schutzbund der Sozialdemokraten miteinander im Kampf. 1927 kulminierten die Spannungen im Brand des Justizpalastes. Auch nachher blieben die Selbstschutzverbände bestehen und wurden nicht abgerüstet.

Ab 1931 begann die nationalsozialistische Bewegung innerhalb der Heimwehr Fuß zu fassen. Sie bildete nach deren Spaltung einen eigenen aktivistischen Flügel.

KRIEGSVORBEREITUNGEN

Der Reservist Adolf Hitler erhielt in der Politischen Abteilung des Reichswehr-Gruppenkommandos München eine Anstellung und wurde mit der Beobachtung einer winzigen, möglicherweise umstürzlerischen Gruppe beauftragt. Hier in der Deutschen Arbeiterpartei fand er jedoch zu seiner Freude glühende Nationalisten und Patrioten, die gewillt waren, die Massen zu umwerben. Nach kurzer Zeit trat er der DAP als 555. Mitglied bei.

Zwei große Ziele waren es, die in seinem Kopf herumspukten: Die Revision des Versailler Vertrages und die Lösung der Problematik des Volks ohne Raum. Um sie zu erreichen, mußte er an die Macht gelangen. Hitlers glühender Nationalismus, verbunden mit einem geradezu fanatischen Antisemitismus, führte Europa in die Katastrophe und kostete Millionen Menschen das Leben. Die Ausschaltung der Demokratie war für Hitler dabei das kleinste Problem.

Nach einem mißglückten Putschversuch verfolgte Hitler das Ziel, auf legalem Weg an die Macht zu kommen. Im Juli 1929 kam seine große Chance. Unter der Leitung des amerikanischen Bankiers Owen D. Young setzte ein neues Abkommen die endgültige Höhe der deutschen Reparationszahlungen an die Alliierten fest – bis zum Jahr 1988. Hitler schlachtete den Young-Plan propagandistisch als Beispiel für die Perfidie der Supermächte und die Ungerechtigkeit des Versailler Vertrages aus. Bei der Reichstagswahl im September 1930 wurde die inzwischen umbenannte NSDAP zur zweitstärksten Partei.

Als Hindenburg den »böhmischen Gefreiten« 1933 widerwillig zum Reichskanzler machte, forderte dieser als erstes die Annahme eines Ermächtigungsgesetzes, das ihm für vier Jahre unbegrenzte diktatorische Vollmachten sicherte. Bald darauf erfolgte die Nichtanerkennung des Versailler Vertrages und die Einstellung der Reparationszahlungen. Deutschland sollte wieder seinen »gerechten« Platz als europäische Großmacht einnehmen und die Deutschen außerhalb des Reiches in einem »Großdeutschland« vereinigt werden.

Voraussetzung für Hitlers Expansionspolitik war die Reichswehr. Der Versailler Vertrag hatte sie auf 100.000 Mann ohne modernes Kriegsgerät und ohne einen Generalstab beschnitten. Doch ein scharfsinniger preußischer Offizier mit Monokel, Generaloberst Hans von Seeckt, hatte die Bestimmungen des Versailler Vertrages mit viel Geschick umgangen und eine gut ausgebildete Truppe auf die Beine gestellt. Sie sollte der Kern einer künftigen größeren Armee werden.

Während der angemessen bezahlten zwölfjährigen Dienstzeit wurden die Soldaten körperlich bestens trainiert und auf den Einsatz mit verbotenen Waffen vorbereitet. Flugzeugführer und Panzerfahrer wurden in der Sowjetunion ausgebildet. Kommandeure übten das Führen von großen Truppenverbänden, wie sie der Versailler Vertrag verbot, unter Einsatz von viel Phantasie: Die Truppen mußten sie sich dabei vorstellen.

»Wenn es auch länger dauert, sie zu überzeugen, als sie zu erschießen, so wird uns schließlich ihre Verfassung den Erfolg garantieren ... Früher oder später werden wir die Mehrheit haben – und damit Deutschland.« Adolf Hitler nach seiner Entlassung aus der Haft in Spandau.

Der Reichstagsbrand im Februar 1933 bot Hitler ideales Propagandamaterial gegen die Kommunisten, wurde zum Anlaß einer Notverordnung durch den Reichspräsidenten, und der preußische Innenminister Hermann Göring ließ mehr als 25.000 angebliche oder wirkliche Kommunisten verhaften. Ob der Brand durch den jungen, fast blinden holländischen Kommunisten Marinus van der Lubbe oder durch die Nazis selbst gelegt worden war, steht bis heute nicht fest.

Als »Panzer« dienten mit Segeltuch, Pappe oder Blech verkleidete Automobile. Von Panzerabwehrkanonen wurden Holzattrappen hergestellt, deren für die Ausbildung wichtige Teile aus Metall waren. Als Ziele für Flak-Attrappen dienten Luftballons oder Modellflugzeuge. Prototypen verbotener Waffen ließ die Reichswehr durch Strohmänner in ausländischen Fabriken bauen.

Wohlinformierte Kreise im Ausland wußten sehr wohl von dem Holzspielzeug der Reichswehr, neigten jedoch dazu, die Spielzeug-Armee als Bedrohung zu ignorieren.

Der Spanische Bürgerkrieg, der am 18. Juli 1936 ausbrach, gab Hitler die Gelegenheit, im Unternehmen Condor seine Luftwaffe zu testen.

Als die ersten hervorragend ausgebildeten Freiwilligen ihre Dienstzeit beendet hatten, kam Hitler an die Macht. Er gab echte Kanonen in Auftrag und führte die allgemeine Wehrpflicht ein. Die Führung der neuen Rekruten übernahmen die hochqualifizierten Berufssoldaten der Reichswehr.

Seit dem 1. August 1934 war das Amt des Reichskanzlers mit dem des Reichspräsidenten vereinigt, die Soldaten wurden nunmehr auf Hitler persönlich vereidigt. Im März 1935 verkündete er die Wiedereinführung der allgemeinen Wehrpflicht und den offiziellen Aufbau einer Luftwaffe. Das rief zwar Proteste der Franzosen, Italiener und Engländer auf der Konferenz zu Stresa hervor, doch keine weiteren Folgen.

»Wir haben in Europa keine territorialen Forderungen zu stellen. Wir wissen vor allem, daß alle Spannungen, die sich entweder aus falschen territorialen Bestimmungen oder aus Mißverhältnissen der Volkszahlen mit ihren Lebensräumen ergeben, in Europa durch Kriege nicht gelöst werden können ...« Adolf Hitler am 7. März 1936 vor dem Reichstag.

Im Oktober 1935 marschierte Mussolini in Abessinien ein. England und Frankreich reagierten mit Wirtschaftssanktionen, Hitler versorgte ihn mit Kohlelieferungen und zog den Duce so auf seine Seite. Der Achsenvertrag vom Oktober 1936 steckte die beiderseitigen Interessensgrenzen ab.

Am 7. März 1936 folgte der Einmarsch ins entmilitarisierte Rheinland. Außer lahmen Protesten folgte keine Reaktion der Alliierten, und langsam wurde Hitler übermütig. Zunächst ließ er seine Propagandamaschine voll anlaufen – die Olympischen Spiele in Berlin und der Nürnberger Parteitag waren hervorragend organisierte Massenveranstaltungen.

»Das Deutsche Reich und insbesondere die heutige deutsche Regierung haben keinen anderen Wunsch, als mit allen Nachbarstaaten friedlich und freundschaftlich zu verkehren ... Deutschland hat weder die Absicht noch den Willen, sich in die inneren österreichischen Verhältnisse einzumengen, Österreich etwa zu annektieren oder anzuschließen...« Adolf Hitler am 21. Mai 1935 vor dem Reichstag.

Während seine Reden bis zum Januar 1937 den Frieden als höchstes Gut priesen, vernahmen Oberbefehlshaber am 5. November: »Die deutsche Zukunft ist ausschließlich durch die Lösung der Raumnot bedingt ... Zur Lösung der deutschen Frage könne es nur den Weg der Gewalt geben ...«

Die erste Probe von der Lösung der »Volk-ohne-Raum«-Problematik, wie Hitler sie sich vorstellte, erhielt die Welt am 12. März 1938 mit dem Einmarsch deutscher Truppen nach Österreich. Am 13. März kam es zum Anschluß Österreichs an das Deutsche Reich. England und Frankreich wollten den Frieden um jeden Preis wahren und waren geneigt, den Anschluß als »nichts als eine Familienangelegenheit« zu betrachten, wie Göring sich am 11. März dem tschechischen Gesandten Mastny gegenüber ausdrückte.

»Und nun steht vor uns das letzte Problem, das gelöst werden muß und gelöst werden wird! Es ist die letzte territoriale Forderung, die ich in Europa zu stellen habe ... Ich habe Herrn Chamberlain versichert, daß ich in dem Augenblick, in dem sich die Tschechen mit ihren Minderheiten auseinandergesetzt haben, am tschechischen Staat nicht mehr interessiert bin. Und das wird ihm garantiert! Wir wollen gar keine Tschechen!« Adolf Hitler im Berliner Sportpalast am 27. September 1938.

Bis zum Herbst 1938 sorgte Hitler allerdings dafür, daß sich die Beziehungen zwischen Berlin und Prag verschlechterten. Als er schließlich die Abtretung der sudetendeutschen Gebiete forderte, schien ein Krieg unvermeidbar. Mussolini schaltete sich vermittelnd ein. Bei einer Konferenz in München beschlossen England, Frankreich, Italien und Deutschland die Abtrennung des Sudetenlandes mit allen seinen Grenzverteidigungsanlagen von der Tschechoslowakei und seine Besetzung mit deutschen Truppen per 1. Oktober 1938.

Fünf Monate später kam es zur »Befriedung« der Rest-Tschechoslowakei: Am 15. März marschierten deutsche Truppen in Prag ein. Jetzt erst erkannten England und Frankreich Hitlers wahre Ziele und Beweggründe. Als sie nun begannen aufzurüsten, war es jedoch bereits zu spät.

DER KRIEG IN DATEN UND FAKTEN

1939

21. März Forderungen an Polen: Angliederung Danzigs und exterritorialer Korridor

22. Mai Freundschafts- und Bündnispakt mit Italien, der sog. »Stahlpakt«

23. August Deutsch-sowjetischer Nichtangriffspakt

1. September »Fall Weiß«: Angriff auf Polen

3. September Großbritannien und Frankreich erklären dem Deutschen Reich den Krieg

17. September Einmarsch der UdSSR in Ostpolen

25. September Teilung Polens: Angliederung eines Teils an das Reich, der nicht-russische Rest wird Generalgouvernement. Ermordung der Intelligenz, Schließung der Universitäten und höheren Schulen

8. November Attentat auf Hitler im Münchner Bürgerbräu-Keller

30. November Sowjetisch-finnischer Winterkrieg

1940

11. Februar Deutsch-sowjetisches Wirtschaftsabkommen, die UdSSR versorgt Deutschland mit Getreide, Erdöl und Edelmetallen

12. März Friede von Moskau, Gebietsabtretungen Finnlands an die UdSSR

9. April Unternehmen »Weserübung«: Besetzung Dänemarks (kampflose Kapitulation) und Norwegens (Kämpfe bis 10. Juni). König Haakon VII. bildet in London eine Exilregierung

10. Mai Westoffensive, »Fall Gelb«: Einmarsch in Belgien und den Niederlanden

15. Mai Kapitulation der Niederlande

28. Mai Kapitulation Belgiens, König Leopold III. begibt sich in deutsche Kriegsgefangenschaft, Bildung einer Exilregierung

4. Juni Einnahme Dünkirchens. 1,2 Millionen Soldaten in deutscher Kriegsgefangenschaft

14. Juni Deutsche Truppen besetzen Paris

22. Juni Waffenstillstand in Compiègne (in dem Eisenbahnwaggon, in dem der Waffenstillstand nach dem Ersten Weltkrieg unterzeichnet wurde): Teilung Frankreichs

3. Juli Die Briten vernichten die vor Oran liegende französische Flotte, um sie einem deutschen Zugriff zu entziehen

16. Juli Befehl zur Vorbereitung des Unternehmens »Seelöwe«: Invasion Englands

13. August Deutscher Luftangriff auf Südengland

17. August Verschärfung des U-Boot-Krieges

25./26. August Britische Luftangriffe auf Berlin

7. September Verschärfung des Luftkrieges gegen England: Nachtangriffe gegen London an 65 aufeinanderfolgenden Tagen

17. September Unternehmen »Seelöwe« wird bis auf weiteres verschoben

27. September Unterzeichnung des Dreimächtepakts zwischen Deutschland, Italien und Japan

24. Oktober Die Regierung Vichy-Frankreichs lehnt einen Kriegseintritt Frankreichs ab

28. Oktober Italienischer Angriff in Griechenland

14./15. November Schwerer Luftangriff auf Coventry

9. Dezember Britische Offensive gegen italienische Gebiete in Nordafrika

18. Dezember »Weisung Nr. 21«: Auftrag zur Vorbereitung eines schnellen Feldzugs gegen die UdSSR per 15. Mai 1941

1941

6. April Deutscher Angriff auf Jugoslawien und Griechenland zur Entlastung Italiens

10. Mai Flug des Hitler-Stellvertreters Rudolf Heß nach England

20. Mai Verlustreiche Luftlandung auf Kreta

22. Juni Unternehmen »Barbarossa«: Überraschungsangriff auf die Sowjetunion

29. Juni Aufruf der KPdSU zum »Großen Vaterländischen Krieg der Sowjetunion«

2. Oktober Unternehmen »Taifun«: Angriff auf Moskau

5. Dezember Sowjetische Gegenoffensive. Unternehmen »Barbarossa« ist damit gescheitert

7. Dezember Japanischer Überfall auf die amerikanische Pazifikflotte in Pearl Harbor

8. Dezember Japanischer Vormarsch in Indonesien

11. Dezember Hitler erklärt den USA den Krieg

1942

28./29. März Erstes britisches Flächenbombardement einer deutschen Großstadt (Lübeck)

4. bis 8. Mai Seeschlacht im Korallenmeer

26. Mai Deutsch-italienische Offensive in Nordafrika

30./31. Mai 1000-Bomber-Angriff auf Köln mit Brand- und Sprengbomben

3. bis 7. Juni Schlacht bei Midway, Wende im Pazifik-Krieg

30. Juni Vorstoß der Nordafrikatruppe Rommels nach Ägypten bis El Alamein

7. August Verlustreiche Landung der Amerikaner auf den Salomon-Inseln

23. Oktober Britische Großoffensive unter Montgomery in Nordafrika: Rückzug Rommels zur Marsa-el-Brega-Stellung

7./8. November Landung amerikanisch-britischer Truppen in Marokko und Algerien

11. November Besetzung Vichy-Frankreichs durch die Deutsche Wehrmacht

22. November Einschluß der 6. deutschen Armee bei Stalingrad in zwei Kesseln

1943

24. Januar Bei der Casablanca-Konferenz beschließen Roosevelt und Churchill als Kriegsziel die bedingungslose Kapitulation von Deutschland, Italien und Japan

31. Januar Kapitulation der Südgruppe der 6. Armee in Stalingrad unter Generaloberst Paulus

2. Februar Kapitulation des Nordkessels

19. April Aufstand im Warschauer Ghetto

13. Mai Kapitulation der »Heeresgruppe Afrika«

24. Mai Abbruch der »Schlacht im Atlantik« nach zu hohen Verlusten

10. Juli Landung alliierter Streitkräfte in Sizilien

9. September Landung der Amerikaner in Salerno

1944

6. Juni Alliierte Invasion in der Normandie

13. Juni Erstmaliger Beschuß britischer Ziele durch die »Vergeltungswaffe« V1

20. Juli Attentat auf Hitler in der Wolfsschanze

6. September Erstmaliger Einsatz der V2

16. Dezember Ardennenoffensive

1945

12. Januar Großoffensive gegen die deutsche Ostfront

4. bis 11. Februar Jalta-Konferenz: Gründung der Vereinten Nationen und Plan der Teilung Deutschlands in vier Zonen

13./14. Februar Luftangriff auf das mit Flüchtlingen überfüllte Dresden

13. April Eroberung Wiens durch die Rote Armee

16. April Großangriff der Roten Armee auf Berlin

30. April Selbstmord Hitlers

7. Mai Deutsche Kapitulation

6. August Abwurf der ersten Atombombe auf Hiroshima

8. August UdSSR erklärt Japan den Krieg

9. August Abwurf der zweiten Atombombe auf Nagasaki

2. September Bedingungslose Kapitulation Japans

I. WELTKRIEG

in Wort und Bild

Oben: Deutsche Sturmtruppen 1918 im Einsatz an der Westfront.

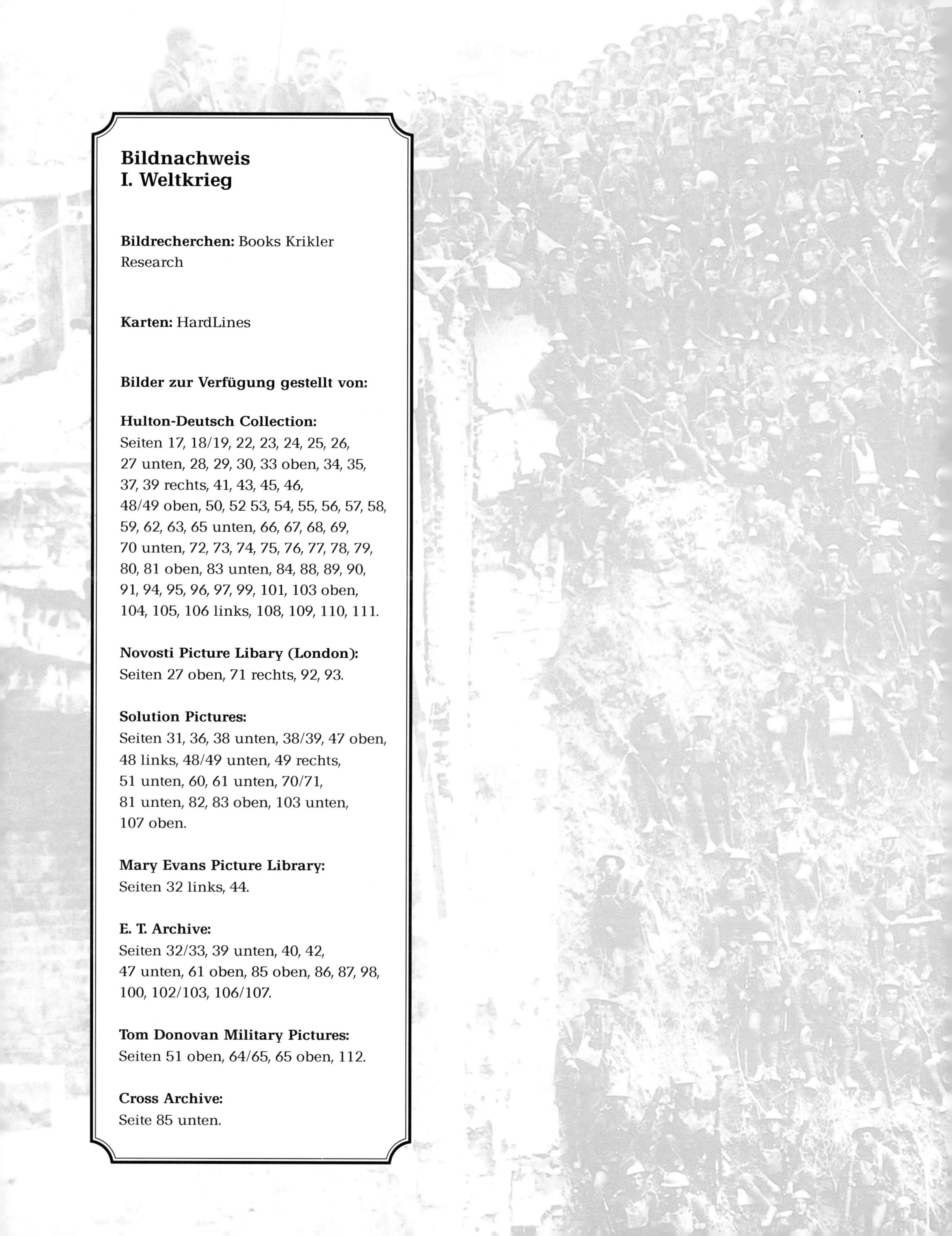

Bildnachweis
I. Weltkrieg

Bildrecherchen: Books Krikler Research

Karten: HardLines

Bilder zur Verfügung gestellt von:

Hulton-Deutsch Collection:
Seiten 17, 18/19, 22, 23, 24, 25, 26, 27 unten, 28, 29, 30, 33 oben, 34, 35, 37, 39 rechts, 41, 43, 45, 46, 48/49 oben, 50, 52 53, 54, 55, 56, 57, 58, 59, 62, 63, 65 unten, 66, 67, 68, 69, 70 unten, 72, 73, 74, 75, 76, 77, 78, 79, 80, 81 oben, 83 unten, 84, 88, 89, 90, 91, 94, 95, 96, 97, 99, 101, 103 oben, 104, 105, 106 links, 108, 109, 110, 111.

Novosti Picture Libary (London):
Seiten 27 oben, 71 rechts, 92, 93.

Solution Pictures:
Seiten 31, 36, 38 unten, 38/39, 47 oben, 48 links, 48/49 unten, 49 rechts, 51 unten, 60, 61 unten, 70/71, 81 unten, 82, 83 oben, 103 unten, 107 oben.

Mary Evans Picture Library:
Seiten 32 links, 44.

E. T. Archive:
Seiten 32/33, 39 unten, 40, 42, 47 unten, 61 oben, 85 oben, 86, 87, 98, 100, 102/103, 106/107.

Tom Donovan Military Pictures:
Seiten 51 oben, 64/65, 65 oben, 112.

Cross Archive:
Seite 85 unten.

I. WELTKRIEG

in Wort und Bild

ROBIN CROSS

tosa

DER ERSTE WELTKRIEG 1914-18
Neutrale Staaten
Mittelmächte bei Kriegsausbruch
Alliierte bei Kriegsausbruch
Kriegseintritte auf seiten der Mittelmächte
Front im November 1918
Größte Ausdehnung der Mittelmächte
Front im August 1914
Kriegseintritte auf seiten der Alliierten
Russisch-deutsche Grenze Anfang 1915
NORWEGEN
SCHWEDEN
NORD-SEE
GROSS-BRITANNIEN
DÄNEMARK
RUSSLAND
St. Petersburg
Dorport
Pskov
Moskau
Riga
Divinsk
Kopenhagen
Tilsit
Vilna
Minsk
Woronesh
London
Amsterdam
Hamburg
Tannenberg
Baranovitsch
Berlin
Begorod
Gomel
DEUTSCHES REICH
Warschau
Pinsk
Millerova
Wolga
Calais
Rhein
Köln
Donez
Djnepr
Don
Paris
Verdun
Metz
Prag
München
FRANK REICH
Wien
Asow
Odessa
Bern
SCHWEIZ
ÖSTERREICH-UNGARN
Budapest
Kertsch
Petrowsk
Lyon
ITALIEN
Mailand
Venedig
Triest
Donau
Belgrad
RUMÄNIEN
Sewastopol
Tiflis
Baku
Batum
Bukarest
SCHWARZES MEER
Lissabon
Madrid
Marseilles
Tejo
SPANIEN
KORSIKA
MONTE-NEGRO
SERBIEN
BULGARIEN
Trabzon
Sofia
Konstantinopel
Erzindschan
ALBANIEN
Rom
SARDINIEN
Thessaloniki
Ankara
Bitlis
Gallipoli
GRIECHEN-LAND
OSMANISCHES REICH
Rawanduz
Kitri
PERSIEN
Tekrit
Aleppo
SIZILIEN
Ramadi
Athen
Bagdad
ALGERIEN
KRETA
MITTELMEER
Damaskus
Jerusalem
ÄGYPTEN
Kairo
LIBYEN
ARABIEN

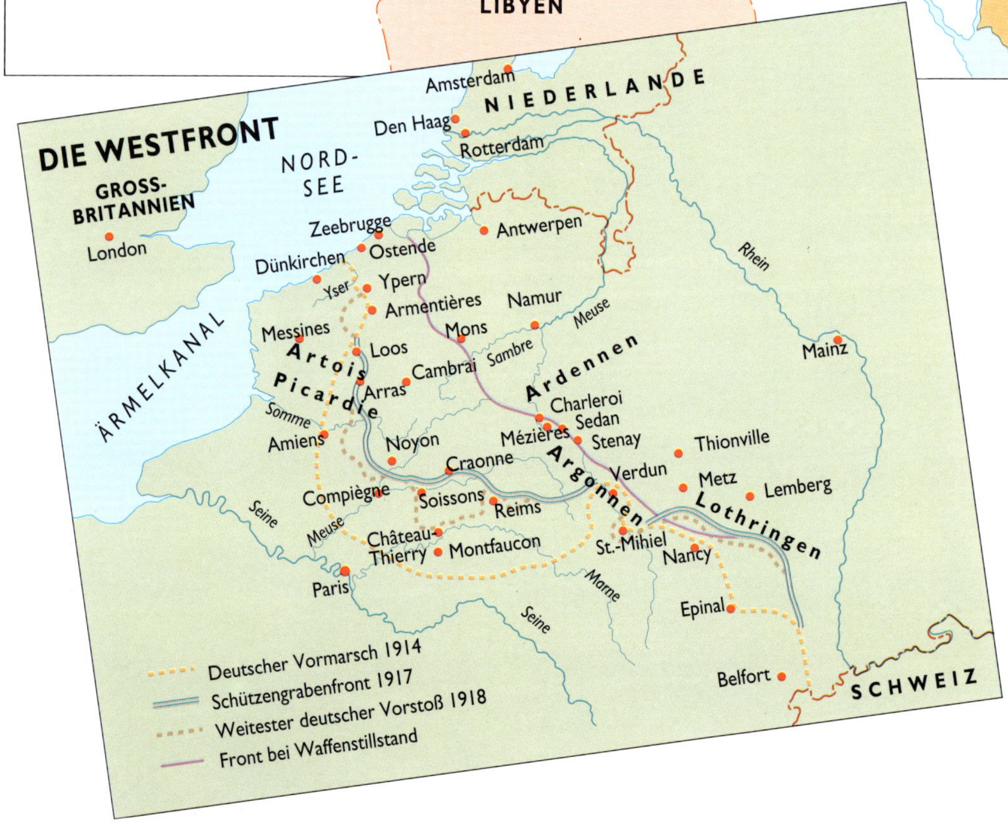
DIE WESTFRONT
Amsterdam
NIEDERLANDE
Den Haag
Rotterdam
GROSS-BRITANNIEN
NORD-SEE
London
Zeebrugge
Antwerpen
Dünkirchen
Ostende
Rhein
Yser
Ypern
Armentières
Namur
Messines
Meuse
Mons
Mainz
ÄRMELKANAL
Loos
Artois
Cambrai
Sombre
Ardennen
Picardie
Arras
Charleroi
Somme
Sedan
Amiens
Noyon
Mézières
Stenay
Thionville
Craonne
Argonnen
Verdun
Metz
Compiègne
Lemberg
Soissons
Lothringen
Seine
Reims
Meuse
Château-Thierry
Montfaucon
St.-Mihiel
Nancy
Paris
Marne
Seine
Epinal
Belfort
SCHWEIZ
Deutscher Vormarsch 1914
Schützengrabenfront 1917
Weitester deutscher Vorstoß 1918
Front bei Waffenstillstand

INHALT

DIE ERSTEN SCHÜSSE

Am 28. Juni 1914 besuchte Erzherzog Franz Ferdinand von Österreich, der Thronfolger der Habsburger-Monarchie, die bosnische Stadt Sarajevo, um die dortigen österreichischen Truppen zu inspizieren. Bosnien und seine Schwesterprovinz Herzegowina waren ehemalige türkische Besitzungen, die 1908 von Österreich-Ungarn annektiert worden waren. Viele seiner serbischen Einwohner waren darüber aufgebracht, daß sie nicht an Serbien, ihr Mutterland, angeschlossen wurden. Einer von ihnen, ein Student names Gavrilo Princip, ermordete den Erzherzog und seine Frau, als sie in einem offenen Wagen durch die Straßen von Sarajevo fuhren.

Am 28. Juli reagierte Österreich-Ungarn, indem es Serbien den Krieg erklärte – ein eher diplomatischer als militärischer Akt, da die Mobilmachung einige Wochen dauern würde. Die Russen stellten sich auf die Seite der Serben, ihrer slawischen Brüder. Sie wollten verhindern, daß Österreich und das mit ihm verbündete Deutschland den Balkan und in der Folge Rußlands Zugang zum Mittelmeer durch die Straße der Dardanellen beherrschten. Rußland machte am 29. Juli 1914 mobil.

Links: Das letzte Bild des Erzherzogs Franz Ferdinand und seiner Frau, wenige Minuten vor ihrer Ermordung in Sarajevo am 28. Juni 1914. Das Paar hatte bereits eine Bombe überlebt, die auf dem Weg zum Rathaus auf sein Auto geworfen wurde, wurde aber auf dem Rückweg zum Bahnhof von Gavrilo Princip erschossen. Der Wagen war falsch abgebogen und reversierte, da trat Princip hervor und gab die fatalen Schüsse ab. Die letzten Worte des Erzherzogs waren: »Es ist nichts«.

Am 1. August erklärte Deutschland Rußland den Krieg. Rußlands Verbündeter Frankreich machte am selben Tag mobil. Am 3. August um 18.45 Uhr erklärte Deutschland Frankreich den Krieg. Am nächsten Tag fiel Deutschland in das seit der Londoner Konferenz von 1839 neutrale Belgien ein. Damit waren die Briten hineingezogen. Sie forderten in einem Ultimatum den deutschen Rückzug aus Belgien. Sie erhielten keine Antwort, und am 4. August um Mitternacht lag Großbritannien mit Deutschland im Krieg. Die Briten waren die einzige Nation, die Deutschland den Krieg erklärt hatte und nicht umgekehrt. Der britische Außenminister Sir Edward Grey erklärte bei seinem Warten bis Mitternacht: *»In ganz Europa gehen die Lichter aus. Zu unserer Zeit werden wir sie nicht wieder angehen sehen.«*

Links: Österreich macht mobil. Männer und Knaben auf dem Wiener Franz-Josephs-Platz auf dem Weg zu den Waffen. Am 28. Juli hatte Österreich Serbien den Krieg erklärt. Der deutsche Kaiser Wilhelm II. unterstützte diesen Schritt im Vertrauen darauf, daß Rußland nicht eingreifen werde. Doch das Rad des Krieges drehte sich unaufhaltsam.

Unten: Vor dem Sturm. Englische Kriegsschiffe besichtigen den deutschen Marinestützpunkt in Kiel, über ihnen ein Zeppelin. 1912 war Graf Zeppelins Lufthandelsgesellschaft DELAG heimlich informiert worden, daß ihre Besatzungen in die Reserve aufgenommen und an regelmäßigen Manövern mit der Armee und der Marine teilnehmen würden.

KRIEG NACH PLAN

Warum führten Gavrilo Princips Schüsse in Sarajevo zu einem Weltkrieg? Der Vorfall wurde in England zunächst kaum bemerkt. Der deutsche Kaiser Wilhelm II. glaubte nicht, daß Rußland zugunsten der Serben einschreiten würde. Er wollte sich durch die Krise nicht in seinem geplanten Seeurlaub stören lassen. Was lief also schief?

Der Kampf um die Macht in Europa mit wechselnden Bündnissen und rücksichtslosen Täuschungsmanövern war von riesigen Heeren überschattet, die die Kontinentalmächte im späten 19. Jahrhundert aufgebaut hatten. Industrielle Kraft und steigende Bevölkerungszahlen hatten ein Menschenpotential geschaffen, das mobilisiert werden konnte, um nationale Ziele durchzusetzen. Die Politiker rechneten damit, daß durch seine abschreckende Wirkung der Krieg verhindert würde, doch sahen sie nicht voraus, daß diese großen Armeen durch ihr eigenes furchtbares Gewicht die Völker in den Krieg treiben würden, wenn sie erst einmal mobilisiert wären.

Jeder Generalstab hatte detaillierte Kriegspläne vorbereitet. Deutschlands und Frankreichs Pläne umfaßten genaue Eisenbahn-Fahrpläne für den Transport großer Menschen- und Materialmassen. Politiker konnten das Rad der Technik, die dies ermöglichte, nicht mehr zurückdrehen. Die Generäle hatten die Kontrolle übernommen. In den ersten zwei Augustwochen des Jahres 1914 zogen etwa 20 Millionen Männer – fast zehn Prozent der Bevölkerung der kämpfenden Staaten – die Uniform an und nahmen den Zug in den Krieg. Alle dachten, daß sie zurück sein würden, *»ehe die ersten Blätter fallen«.*

Links: General Sir Douglas Haig und Lord Haldane (rechts) im März 1914. Vier Monate später war Haig als Kommandant des 1. Britischen Expeditionskorps nach Frankreich unterwegs. Als Kriegsminister von 1905-1912 stand Haldane an der Spitze eines Programms, das die britische Armee nach europäischen Richtlinien modernisieren sollte. So entstand eine Britische Expeditionsstreitmacht (BEF) und eine territoriale Reserve. Haldanes Programm hatte zur Folge, daß die BEF im August 1914 den Kanal schnell und effizient überquerte.

Oben: Sie dachten, zu Weihnachten wäre alles vorbei. Eine Menschenmenge jubelt auf dem Trafalgar Square über die britische Kriegserklärung. Entlang der Promenade und vor dem Buckingham Palace sang eine Menschenmenge »God Save the King«.

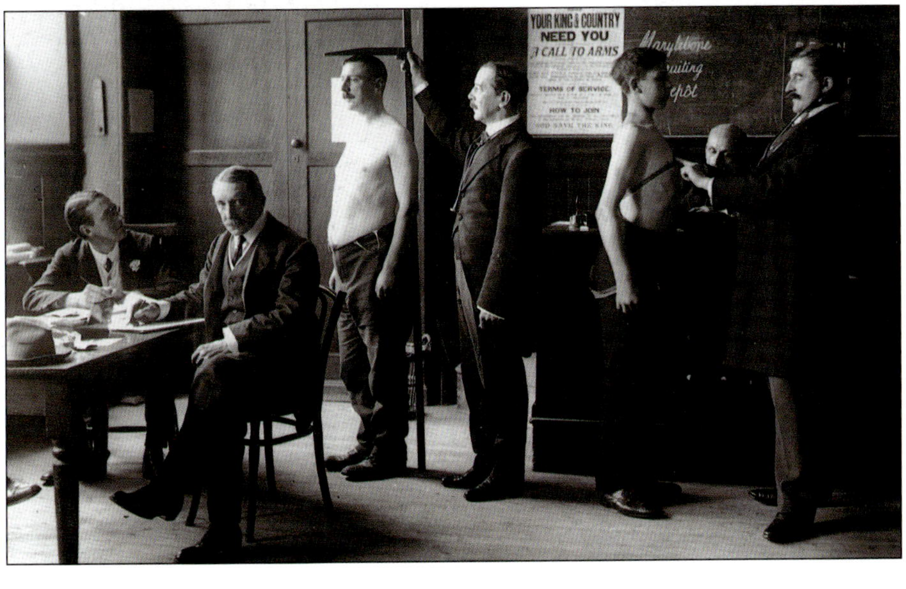

Rechts: Britische Freiwillige bei der medizinischen Untersuchung im Marylebone-Gymnasium in London. Viele wurden abgewiesen; der Gesundheitszustand der Arbeiter, besonders in den Industriegebieten, war schlecht. Der Jugendliche rechts sieht nicht so aus, als ob er das Mindestalter von 19 Jahren schon erreicht hätte.

GLEICHGEWICHT DER KRÄFTE

Am Vorabend des Krieges bestand die deutsche Armee aus 4,3 Millionen ausgebildeten Männern. Sie umfaßte 25 Armeecorps mit 87 Infanterie- und 11 Kavalleriedivisionen. Die Frontarmee wurde von 32 Reservedivisionen unterstützt. Die deutsche Kavallerie, zur Erhöhung ihrer Feuerkraft mit leichter Infanterie durchsetzt, erwies sich in der Anfangsphase des Krieges als Enttäuschung, ebenso wie die Feldartillerie mit ihrer veralteten 3-Zoll-Kanone. Die große Stärke der deutschen Artillerie lag in ihren schweren Feldgeschützen, besonders in der 5,9-Zoll-Haubitze.

Die vielsprachige Armee Österreich-Ungarns mit ihren 49 Infanterie- und 11 Kavalleriedivisionen war eher eine Belastung als ein Trumpf. Über 50 Prozent ihrer Truppen waren Slawen, Tschechen und Italiener, deren natürliche Sympathien eher auf der Seite der Feinde Österreichs lagen. Dies war ein wichtiger Faktor bei einigen der spektakulären Niederlagen Österreichs während des Krieges. Die Brüchigkeit der österreichischen Armee wurde durch den Chef des österreichischen Generalstabes noch verschlimmert, dessen strategische Ziele meist seine Möglichkeiten überstiegen.

Bei der Mobilisierung führte Rußland 114 Infanterie- und 36 Kavalleriedivisionen, die legendäre »Dampfwalze«, ins Feld. Obwohl einiges geschehen war, um sie nach der Niederlage 1905 gegen Japan wiederherzustellen, war die Ausrüstung der russischen Armee armselig, mit geringen Reserven an Munition und Gewehren. Es mangelte an kompetenten Offizieren der niedrigen Ränge, und an der Spitze herrschte Korruption.

Die französische Armee hatte sich bemerkenswert gut von ihrer Schlappe von 1871 erholt und führte 75 Infanterie- und 10 Kavalleriedivisionen ins Feld, die von der Doktrin des bedingungslosen Angriffs erfüllt waren. Symbolisch für diesen Geist war das Festhalten an auffallenden roten Hosen und schweren dunkelblauen Jacken. Diese wurden erst 1915 durch »himmelblaue« Uniformen ersetzt.

Oben: Österreichische Soldaten verabschieden sich von ihren Frauen und Liebsten. Die Schwäche der vielsprachigen österreichisch-ungarischen Armee zeigte sich im Eröffnungsfeldzug des Krieges, als sie am 11. August 1914 in Serbien eindrang. Die Serben vertrieben die Österreicher und drangen ihrerseits in Südungarn ein. Es war die erste von vielen österreichischen Niederlagen. Am ehesten konnte man sich bei der österreichisch-ungarischen Armee auf ihre schwere Artillerie, die massiven Skoda-Haubitzen, verlassen, die eine wichtige Rolle in den Plänen Deutschlands spielten.

Rechts: Die Kamera einer Wochenschau fängt die russische Infanterie 1914 auf ihrem Weg zur Front ein. Die russische Armee war ein schwerfälliger Riese, knapp an Ausrüstung und kompetenten Offizieren. Doch zeigten ihre Soldaten, meist ungebildete Bauern, während des Krieges eine bemerkenswerte Ausdauer, unterstützt durch hartnäckige Artillerie und den wilden Sturm der Kosakenkavallerie über die endlosen Flächen Osteuropas.

Unten: Das Rückgrat der französischen Artillerie war das 75-mm-Schnellfeuergeschütz, das 1897 entwickelt wurde. Bis 1918 waren etwa 17.000 »75er« produziert worden. Ihr hydropneumatisches Rückstoßsystem machte die »75er« beim Feuern sehr stabil, und ihr rasch arbeitender Verschlußmechanismus ermöglichte bis zu 20 Schuß pro Minute. Sie konnte eine hochexplosive 12-Pfund- oder eine 16-Pfund-Schrapnellgranate bis zu 9 km weit schießen. Für den Grabenkrieg waren die »75er« jedoch nicht ideal. Ihre Granaten waren zu leicht, um eine stark verschanzte Stellung bedrohen zu können.

Von ihrer kleinen Streitkraft schickten die Briten sechs Infanterie- und eineinhalb Kavalleriedivisionen als Expeditionsstreitmacht nach Frankreich. Verglichen mit ihren europäischen Gegenspielern waren diese verschwenderisch motorisiert. Die 75.000 Mann starke Armee wurde von 1.485 Kraftfahrzeugen aller Art unterstützt. Die Kavallerie besaß eine nützliche Infanterieausbildung. Den Mangel an schweren Kanonen glich das 18-Pfünder-Feldgeschütz aus. Doch besaß die Armee nur wenige Offiziere mit Erfahrung im Kommandieren großer Einheiten.

DER SCHLIEFFEN-PLAN

In den Neunzigerjahren arbeitete der Chef des Deutschen Generalstabes, Feldmarschall Alfred von Schlieffen, an dem fundamentalen strategischen Problem Deutschlands: Wie konnte man einen Krieg an zwei Fronten bewältigen – gegen Rußland im Osten und gegen Frankreich im Westen.

Schlieffens Lösung sah zunächst eine rasche Entscheidung gegen Frankreich vor. Die Russen, die langsam mobil machten, sollten inzwischen in Schach gehalten werden. Er wollte den Hauptteil der französischen Armee gegen den Rhein hin ziehen, indem er diesen Abschnitt nur schwach verteidigte. Der deutsche Hauptvorstoß sollte vom rechten Flügel durch Belgien und Nordfrankreich erfolgen. Dessen äußerste Rechte würde Paris südlich passieren, die Seine bei Rouen überqueren, der französischen Armee in den Rücken fallen und sie gegen lothringische Befestigungen und die Schweizer Grenze drücken.

Links: Alfred von Schlieffen (1833-1913), Stabschef der deutschen Armee von 1891 bis 1906, der die Pläne zur Kriegsführung gegen Rußland im Osten und Frankreich im Westen erdachte. Frankreich sollte durch die Umzingelung seiner Armee in kürzester Zeit überrannt werden, wobei Eisenbahnen eine tragende Rolle spielen sollten, während gegen die langsam mobilisierenden Russen im Osten zunächst eine Hinhalte-Operation geplant war.

Rechts: Der deutsche Infanterie-Vorstoß nach Belgien in der sengenden Sommerhitze des August 1914. Die belgische Armee hatte große Teile des Eisenbahnnetzes zerstört. Das bedeutete, daß die kritische Distanz zwischen den Marschkolonnen und den Kopfbahnhöfen etwa 130 km betrug. Nach Märschen von 50 km pro Tag waren die Männer der deutschen Armee erschöpft, ehe der Kampf begonnen hatte. Es gab kaum motorisierte Fahrzeuge, die sie unterstützt hätten. Die fünf deutschen Armeen im Norden, die zwischen Luxemburg und Brüssel operierten, verfügten über nur 500 Lastwagen.

Nach Schlieffens Pensionierung 1906 wurde sein Plan von seinem Nachfolger von Moltke ständig verwässert. Der linke Flügel wurde auf Kosten des besonders wichtigen rechten verstärkt. Im August 1914 war das Kräfteverhältnis zwischen Nord- und Südflügel, das Schlieffen besonders am Herzen lag, von 7:1 auf 3:1 gefallen. Der rechte Flügel im Norden war nicht mehr stark genug für eine vollständige Umzingelung. Obwohl der Plan nun nicht mehr funktionieren konnte, sollte er beim Ausbruch und in der Eröffnungsphase des Krieges einen unerbittlichen Einfluß ausüben.

Helmuth von Moltke, der Nachfolger von Schlieffens. Er ignorierte dessen letzte Worte – »Laßt die Rechte stark« –, schwächte fatalerweise den rechten Flügel der deutschen Offensive gegen Nordfrankreich und sorgte damit dafür, daß es ihm an der notwendigen Stärke für eine vollständige Umzingelung der französischen Armeen mangelte. Am 14. September 1914 wurde er als Stabschef durch General Erich von Falkenhayn abgelöst.

DIE SCHLACHT AN DER MARNE

Die ersten Augusttage 1914 versprachen einen flüssigen, bewegungsreichen Krieg. Während die Deutschen durch Belgien zogen, griffen die Franzosen – gemäß ihrem Plan XVII – in Elsaß-Lothringen an, wo die deutschen Maschinengewehre Tausende Männer, die in offener Formation vorrückten, niedermähten. Doch als die deutschen Heere nach Frankreich zu schwenken begannen, wurde der Schlieffen-Plan durchschaubar. General von Klucks 1. Armee an der extremen Rechten wandte sich südostwärts und entblößte ihre Flanke, als sie östlich anstatt westlich an der französischen Hauptstadt vorbeimarschierte. Diese Bewegung wurde am 3. September von britischen Fliegern gemeldet.

Die Information machte auf General Joffre, den langsam denkenden französischen Oberbefehlshaber, wenig Eindruck. Er verlegte seine Truppen westwärts, um Paris zu schützen und die Deutschen frontal anzugreifen. Doch General Gallieni, der Militärgouverneur von Paris, erkannte ihre Bedeutung. Am Morgen des 4. September befahl er der 6. Armee General Manourys, den Angriff auf die deutsche Flanke und ihre Nachhut vorzubereiten. Am 6. September von der 6. Armee gestellt, wandte sich Kluck nach Westen, um der Drohung zu begegnen, und öffnete dabei eine gefährliche 50-km-Lücke zwischen der 1. Armee und der 2. Armee General von Bülows. Diese traf nun die volle Wucht von Joffres Gegenoffensive.

Das Britische Expeditionskorps drang mit der 5. Armee zu ihrer Rechten vorsichtig in diese Lücke vor. Der deutsche Oberbefehlshaber von Moltke im Hauptquartier in Koblenz verlor bei dem Gedanken an die Bedrohung durch eine (nicht verwirklichte) Intervention neuer britischer Armeen die Nerven.

Am 9. September befahl er Bülow und Kluck, sich zur Noyon-Verdun-Linie zurückzuziehen. Die Alliierten verfolgten sie fünf Tage lang, ehe sie an der Aisne durch eine hastig improvisierte Linie von deutschen Schützengräben zum Stehen gebracht wurden.

Rechts: Der Schatten der Zukunft. Eingegrabene britische Infanterie im September 1914 nahe St-Marguerite. Die Briten hatten bereits in der Schlacht von Mons am 23. August am Mons-Conde-Kanal, einer Nachhut-Aktion, welche beim Verhindern des Schlieffen-Plans eine Rolle spielte, gegen die 1. deutsche Armee von Gräben aus gekämpft.

Oben: Kriegsbeute. Französische Soldaten posieren stolz mit deutscher Ausrüstung, die sie während der Schlacht an der Marne erbeutet haben. Die Schlacht wurde an einer etwa 480 km langen Front von insgesamt zwei Millionen Mann ausgefochten. Die Zahl der französischen Opfer betrug 250.000, die der deutschen etwa 200.000, ein Vorzeichen künftiger Gemetzel.

Rechts: Die Opfer häufen sich. Britische Verwundete werden 1914 ins Charing-Cross-Hospital eingeliefert. Die britischen Verluste während der ersten vier Kriegsmonate erschütterten die kleine Berufsarmee und ließen von ihr bloß ein Gerüst für die neue Armee von Freiwilligen und Zwangsverpflichteten, die nun kommen sollte, übrig.

CHARING CROSS HOSPITAL
CHARING HOSPITAL
ENTRANCE
FOR
PATIENTS

WETTLAUF ZUM MEER

Nach der Schlacht an der Marne verlagerten beide Seiten ihre Operationen in Richtung Norden, wobei jede versuchte, die Flanke der anderen zu umgehen. Nach einigen bocksprungartigen Manövern versuchte das Britische Expeditionskorps, die Deutschen am Zugang zu den Kanalhäfen zu hindern, indem es sie am 20. Oktober bei Ypern angriff.

So groß war die anfängliche Verwirrung beim Britischen Oberkommando, daß der Oberbefehlshaber, Sir John French, für mindestens 48 Stunden glaubte, er greife an, während seine zahlenmäßig unterlegenen Truppen gerade ihre Stellung halten konnten. Sein Optimismus wich fast einer Panik, als er schließlich die wahre Lage des Expeditionskorps begriff.

Die britische Linie hielt mit französischer Unterstützung zur Rechten stand. Zu ihrer Linken öffneten die Belgier Schleusentore, um den deutschen Vormarsch zu stoppen. Bis zum 11. November wurde erbittert gekämpft, dann beendeten wolkenbruchartiger Regen und Schnee die deutsche Offensive. Die erste Schlacht von Ypern war das letzte Kapitel in der Geschichte des britischen Berufsheeres. Fast 80 Prozent der Soldaten waren gefallen. Vom Ärmelkanal bis zur Schweizer Grenze gruben sich nun beide Seiten ein. Der Schützengrabenkrieg hatte begonnen.

Feldmarschall Sir John French (1852–1925), Kommandant der Briten von August 1914 bis Dezember 1915. French, ein hitziger Veteran des Burenkriegs und notorischer Frauenheld, bewies während der Anfangsphase des Krieges ausgezeichnete Qualitäten, war aber zu keiner Zusammenarbeit mit den Franzosen fähig. Die umfangreichen britischen Verluste von 1915, besonders bei Ypern und Loos, führten zu Frenchs Ablösung durch General Sir Douglas Haig.

Rechts: Deutsche Truppen marschieren am 20. August 1914 durch die Straßen von Brüssel. Die britischen und französischen Rückzüge während der ersten Schlagabtäusche bedeuteten, daß der Krieg, ungeachtet des bedingten alliierten Erfolges in der Schlacht an der Marne, in der Folge auf französischem Boden ausgefochten werden würde.

Unten: Gestalten in einer Landschaft. Britische Infanterie überquert im Oktober 1914 beim Vorrücken nach Ypern ein belgisches Feld. Die Schlacht von Ypern war für die berittene Kavallerie an der Westfront fast die letzte Gelegenheit, ihre traditionelle Rolle als Kundschafter zu spielen.

MELIOR
JULES BLATON
CIGARE

TANNENBERG

In einer 1913 unterzeichneten militärischen Übereinkunft verpflichtete sich der Chef des russischen Generalstabs, General Jilinski, bis zum 15. Tag der Mobilmachung 800.000 Mann bereitzustellen. Bei Kriegsausbruch rückten zwei russische Armeen nach Ostpreußen vor. Jilinskis Plan sah vor, daß die 1. Armee unter General Pawel Rennenkampf gegen die Ostspitze Ostpreußens vorrücken und die 2. Armee unter General Alexander Samsonow die Deutschen von hinten angreifen sollte, um ihr den Rückzug zur Weichsel abzuschneiden.

Der Befehlshaber der 8. deutschen Armee in Ostpreußen, von Prittwitz, verfiel in Panik. Er wurde sofort durch General Erich von Ludendorff ersetzt, der – da er nicht den Rang hatte, das Oberkommando zu führen – als Stabschef unter General Paul von Hindenburg agierte, welcher aus dem Ruhestand zurückgeholt und in eine Uniform gezwängt worden war, die ihm nunmehr zu eng war.

Noch ehe Hindenburg und Ludendorff in Ostpreußen angekommen waren, hatte Oberst Max Hoffmann aus Prittwitz' Stab die Lage stabilisiert. Er hatte die Lücke zwischen den beiden russischen Armeen, die durch die Masurischen Seen getrennt waren, ausgenützt, um im Norden eine hinhaltende

Unten: Kosakenreiterei vor der Kamera. Im August 1914 führte die russische Armee 36 Kavalleriedivisionen ins Feld. An der Ostfront, die nie zu einem Grabenkrieg erstarrt war, hatte die Kavallerie einige Manövrierfreiheit. Über 4.000 Kavallerieeinsätze wurden an der Ostfront geritten, darunter jener, der im April 1915 die 7. österreichisch-ungarische Armee bei Gordenko zerschlug.

Aktion zu beginnen, während er sich im Süden auf Samsonow konzentrierte, dessen schwerfälliger Vorstoß sich über eine Front von 96 km ausbreitete. Ludendorff führte die Sache zu Ende, indem er die 2. Armee einschloß und 125.000 Gefangene machte. Unter den zahllosen Toten war auch Samsonow, der am 28. August Selbstmord beging.

Die Deutschen wandten sich hierauf der 1. Armee zu, die sich nach einer vernichtenden Niederlage in der Schlacht bei den Masurischen Seen ungeordnet zurückzog. Die Deutschen verloren in beiden Schlachten weniger als 25.000 Mann.

Links: Die Sieger von Tannenberg, Ludendorff (links), Hindenburg (Mitte) und Hoffmann (rechts). Ihre Aufgabe wurde dadurch erleichtert, daß die Russen drahtlose Botschaften unverschlüsselt sendeten, da das Codieren für sie offenbar zu schwierig war.

Unten: Kauernde Massen. Gefangene russische Soldaten der 2. Armee nach der Schlacht von Tannenberg. Der deutsche Sieg bei Tannenberg bewirkte, daß das deutsche Territorium für die Dauer des Krieges frei von russischen Truppen bleiben würde.

SCHÜTZENGRÄBEN – 1

Nach den ersten Kriegswochen war der Eindruck eines bewegungsreichen Krieges entstanden. Doch im September 1914, als jede Seite den Wettlauf zum Meer zu gewinnen suchte, traten die ersten Gräben auf – anfangs bloße Schrammen in der Erde. Innerhalb von Wochen reichte das Patt, das sie an der Aisne erzeugt hatten, entlang der 800 km langen Front von der Nordsee bis zur Schweizer Grenze.

Zunächst war das Bild der Gräben an der langen starren Front keineswegs einheitlich. Die Deutschen brachten Truppen in die Frontlinien, die nur von einigen Maschinengewehr-Stellungen unterstützt wurden. Dagegen gruben die Briten in der tiefliegenden, regelmäßig überfluteten Küstenebene rasch ein dreiteiliges System aus Front-, Unterstützungs- und Reservegräben, verbunden durch Zick-zack-Verbindungsgräben.

Das britische System wurde von Flandern bis zur trockenen Somme-Gegend, von der Champagne bis zu den waldigen Vogesen für die Truppen in den nächsten vier Jahren zur Norm. Einen Granatwurf vor den Gräben lagen die Stacheldrahtverhaue und dahinter der schmale Streifen, der die gegnerischen Gräben voneinander schied – das »Niemandsland«. Seine Breite war von Abschnitt zu Abschnitt unterschiedlich; sie betrug zwischen 450 und 45 m. 1915 waren die Briten und die Deutschen bei Zonnebecke nur 9 m voneinander entfernt.

Rechts: Männer der 42. East-Lancashire-Division im Jänner 1918 bei Givenchy in einem Grabenkopf. Diese Stellungen, etwa 30 m vor den Gräben der Front, waren Horchposten, von denen aus nachts gegnerische Bewegungen beobachtet wurden. Grabenköpfe wurden oft in den Kratern der Granateneinschläge gebaut. Ab 1916 löste jeder Einschlag im »Niemandsland« eine kleine blutige Schlacht aus, da jede Seite versuchte, den neuen Krater zu erobern und ihn durch einen Laufgraben mit ihrer eigenen Linie zu verbinden. In der Mitte der Brustwehr ist ein getarntes Periskop erkennbar.

Unten: Königlich-schottische Füsiliere, die sich 1914 bei La Boutillière gegen die winterliche Feuchtigkeit schützen. Das weiße Ziegenfell, wie es der Mann im Vordergrund trägt, war besonders begehrt. Bei feuchtem Wetter konnte ein Mantel 15 kg Wasser und feuchten Schlamm absorbieren. Rechnet man dies zu den 25 kg, die die Ausrüstung wog, dann versteht man, daß jede Bewegung zur Qual wurde.

Rechts: Britische Soldaten teilen sich mit französischer Infanterie einen Graben. Die geflochtene Splitterschutzwand links vorne zeigt, daß es sich um einen französischen Graben handelt. Die Franzosen pferchten ihre Frontlinien nicht voll, um bei einem gegnerischen Durchbruch noch genügend Reserven bereitzuhalten. Sie teilten die Frontlinie in sogenannte »aktive« und »passive« Zonen auf. Die aktiven waren stark befestigt und gaben den passiven Zonen von beiden Seiten her Feuerschutz. Diese waren stark verdrahtet, doch nur leicht bemannt. Hinter der Front befand sich ein Netz von granatensicheren Stützpunkten und etwa 3 km dahinter eine »Stopplinie«, die ebenfalls in aktive und passive Zonen geteilt war.

SCHÜTZENGRÄBEN – 2

Mit Fortschreiten des Krieges wurden die Gräben immer ausgefeilter. Die deutsche Hindenburg-Linie vom Winter 1916/17 bestand aus drei Reihen von Doppelgräben in einer Tiefe bis zu drei Kilometern. Die erste Reihe wurde durch sechs Stacheldrahtgürtel geschützt, deren dichtester 90 m breit war. Dutzende von Verbindungsgräben verbanden die Linien, und dahinter standen Hunderte Geschütze bereit, das »Niemandsland« mit Schrapnellen und explosiven oder Gasgranaten zu pflastern. Weiter vorne standen Maschinengewehre mit aufeinander abgestimmten Feuerbereichen, um das »Niemandsland« zu bestreichen, falls der Feind stürmte. Schienen verbanden das hintere Terrain mit Verstärkung und Nachschub.

Das Leben in den Gräben war grimmig. Im Frühling wurden sie zu Morasten, besonders im westlichen Abschnitt. Männer und Maultiere konnten im glitschigen Schlamm ersticken. Verwundete waren besonders gefährdet. Ein Überlebender von Passchendaele erinnerte sich, was er vorfand: *»Ein Bein, drei Köpfe, der Rest der Körper untergetaucht – es sah aus, als hätten sie ihr letztes bißchen Kraft dazu verwendet, ihre Köpfe über Wasser zu halten. In einem anderen Miniaturteich ist nur eine Hand, die immer noch ein Gewehr hält, zu sehen, während den nächsten Teich ein Stahlhelm auf einem halben Kopf besetzt, die erstarrten Augen auf den grünen Schlamm gerichtet, der fast in ihrer Höhe an der Oberfläche treibt.«*

Oben: Erschöpfte Männer der britischen 8. Division ergattern während der Schlacht an der Somme im Juli 1916 bei Ovillers in einem eroberten deutschen Graben etwas Schlaf. Ein Kamerad hält an der Rückseite des Grabens Wache. Die Feuerstufe links diente dem Posten oder einer ganzen Einheit, wenn sie einem feindlichen Angriff gegenüberstanden.

Links: Zwei der schlimmsten Feinde der Soldaten an der Westfront waren Wasser und Schlamm. Letzterer machte jeden kurzen Weg zu einem Alptraum. Im Juli 1916 verlor ein britisches Schutzbataillon 16 Mann durch Erschöpfung und Ersticken im Schlamm. Als einem Offizier befohlen wurde, seine Stellung zu befestigen, antwortete er: »Haferbrei läßt sich nicht befestigen.«

Oben: Deutsche Soldaten suchen ihre Kleidung nach Eiern von Läusen ab, einer weiteren Plage des Grabenkriegs, die wahnsinniges Jucken verursachte und zu einer als »Schützengraben-Fieber« bekannten Krankheit führte. 1917 war es für 15 Prozent aller Krankheitsfälle in der britischen Armee verantwortlich. Ein britischer Offizier berichtete, daß »in eroberten deutschen Gräben an der Westfront manchmal kleine rote Läuse über die Mauern und Decken krochen«.

Links: Ein Packpferd mit Graben-Stiefeln kämpft sich im November 1916 nahe Beaumont-Hamel durch den Schlamm. Jede britische Division besaß etwa 2.500 Paare dieser bis zum Oberschenkel reichenden Gummistiefel. Die Deutschen versorgten die Männer an der Front mit Tausenden wasserdichter Overalls. Ein französischer Offizier beschrieb die Situation: »Dieser Tag ein Meer von Schlamm. Die Schwerverletzten ersticken auf dem Weg zu den Hilfsposten ... Schmutzige Patronen, Gewehre, deren verklemmter Mechanismus nicht mehr funktioniert. Die Männer pinkeln hinein, damit sie wieder feuern.«

SCHÜTZENGRÄBEN – 3

Die sanitären Bedingungen in den Gräben waren entsetzlich. Ratten fraßen sich an den Leichen voll, die im »Niemandsland« herumlagen oder in den Gräben selbst eingeschlossen waren. Fußbrand und Erfrierungen forderten zahllose Opfer. In »ruhigen« Sektoren war Langeweile der Todfeind, obwohl auch hier Artillerie, Heckenschützen und Mörser beständig ihre Opfer forderten. Ende 1916 verlor das 13. Yorkshire und Lancashire bei Neuve Chapelle innerhalb von zwei Monaten 255 Mann, obwohl es die gesamte Zeit nur in der Defensive gewesen war.

Die Graben-Routine wurde im Morgengrauen vom Sperrfeuer der deutschen und bei Sonnenuntergang von der Antwort der Alliierten unterbrochen. Das Gegenlicht hinderte den Feind daran, die Position der eigenen Batterien festzustellen. Nachts bewegten sich Patrouillen und Stoßtrupps durchs »Niemandsland«, Stacheldraht wurde verlegt, Begräbnistrupps und Wiederbeschaffungs-Einheiten taten ihre Arbeit, stets gefährdet durch Leuchtgeschosse oder feindliche Patrouillen, während die letzten Verwundeten die hinteren Linien aufsuchten.

Rechts: Britische Soldaten in der stickigen Luft eines Unterstands der Reserve. Viele davon waren umgebaute Keller zerstörter Dörfer. Die Unterstände unterschieden sich stark hinsichtlich Größe, Komfort und Sicherheit und reichten von den ausgekratzten individuellen »Heldenkellern« in den Wänden der Frontgräben bis zu den fast luxuriösen der deutschen hinteren Linien mit elektrischem Licht, Ventilation und soliden Holzfußböden. Die Unterstände in den hinteren Linien waren die tiefsten; die schwere Artillerie beider Seiten beschoß aus Angst, mit einem Irrläufer die eigenen Linien zu treffen oder eigene Gräben zu unterminieren, nur selten die Front.

Unten: Ein deutscher Unterstand und sein ehemaliger Besatzer. Eine zusätzliche Gefahr in den Gräben waren die Minen. Auf beiden Seiten gruben Pioniere Tunnel unter die feindlichen Linien, in denen knapp vor dem Angriff große Minen gezündet wurden. Als die Briten am 7. Juni 1917 am Messines-Kamm 19 gigantische Minen detonieren ließen, konnte man die Explosionen selbst in London hören.

Die Briten hielten die Moral durch regelmäßige Rotationen zwischen Front-, Unterstützungs- und Reservestellungen aufrecht, durch die Zustellung von Briefen und Paketen aus der Heimat und durch ein wohldurchdachtes Erholungsprogramm.

Dennoch machte den Soldaten ihre Welt aus Sandsäcken und Schlamm schwer zu schaffen, wie sie dies auch in »Klageliedern« zum Ausdruck brachten.

Oben: Das Schlachtfeld bei Nacht. Granatfeuer, Leuchtspurgeschosse und Signalraketen erleuchteten häufig die Mondlandschaft des »Niemandslandes«, wenn die Stoßtrupps ihrem Geschäft nachgingen.

GIFTGAS

Am 22. April 1915 um 17 Uhr trieben bei Ypern zwei düstere grünlich-gelbe Wolken über das »Niemandsland« auf die Alliierten zu. Es handelte sich um Chlorgas, das in den deutschen Gräben aus über 500 Druckzylindern im Vorfeld einer größeren Offensive freigesetzt worden war. Deutsche Gefangene und ein Deserteur hatten vor der neuen Taktik gewarnt, doch waren keine Gegenmaßnahmen ergriffen worden. Zwei französische Kolonialdivisionen an der Nordflanke der Front von Ypern wurden von der Wolke eingehüllt und flohen in Panik, wobei sie eine sechs Kilometer breite Lücke hinterließen, die nur noch von Toten und im Todeskampf Liegenden bevölkert war. Die Deutschen nutzten den Überraschungseffekt und die Lükke allerdings nicht aus. Trotzdem forderte das Gas mindestens 15.000 Opfer, davon 5.000 Tote.

Das Chlorgas führte zu einem langsamen und qualvollen Tod durch Ersticken. Am 25. September 1915 ließen die Briten bei Loos Chlorgas auf die deutschen Linien los, doch nur wenig davon erreichte die feindlichen Gräben. Von da an wurden zunehmend Gasgranaten eingesetzt. Bis 1918 waren 63 Arten von Gas entwickelt worden, doch das gebräulichlichste war Senfgas, das wie »ein Bonbon, gefüllt mit parfümierter Seife« roch und den Körper buchstäblich von innen und außen verfaulen ließ.

Die ersten Gegenmaßnahmen gegen das Gas waren primitiv. So hielt man sich etwa in Urin getränkte Bäusche von Putzwolle vor die Nase. Das Chlorgas wurde dabei teilweise vom Ammoniak im Urin neutralisiert. Die berühmte Gasmaske kam erst im Winter 1917 auf und gehörte bald zur Standardausrüstung der Truppen an der Front. Gas verursachte während des Krieges, vorsichtig geschätzt, fast eine Million Opfer.

Rechts: Deutsche Sturmtruppen brechen durch eine Wolke von Phosgengas, das 1915 entwickelt worden war. Der Dichter Wilfred Owen, der im Manchester-Regiment kämpfte, schrieb über einen Mann, der dem Phosgen ausgesetzt war:
» ... die weißen Augen im Gesicht verdreht, das hängt, wie bei einem Teufel krank vor Sünde. Könntest du nur bei jedem Atemzug das Blut gurgelnd aus den zersetzten Lungen kommen hören, unzüchtig wie Krebs, bitter wie der Geschmack schmutziger, unheilbarer Wunden auf unschuldigen Zungen.«

Oben: Britische Maschinengewehr-Schützen im Juli 1916 während der Schlacht an der Somme bei Ovillers. Sie tragen zum Schutz gegen Giftgas graue Flanellhauben mit Glimmer-Augenstücken, getränkt mit Phenol. Ein mit einem Gummimundstück versehenes Metallröhrchen wurde zum Ausatmen zwischen die Zähne gepreßt.

Rechts: Eine deutsche Flugzeugabwehr-Mannschaft mit Gasmasken.

1915 – UND KEIN DURCHBRUCH

Im Eröffnungsfeldzug des Krieges hatten die Deutschen einen großen Teil Belgiens und Industriegebiete in Nordfrankreich besetzt. Dies ermöglichte es ihnen, im Westen eine defensive Stellung einzunehmen, während sie im Osten territoriale Ziele verfolgten. Die Briten und Franzosen konnten sich einen solchen Luxus nicht leisten. Für sie war es eine strategische Notwendigkeit, das 1914 verlorene Gebiet zurückzuerobern.

Die Briten unternahmen den ersten Versuch, die deutsche Linie aufzubrechen, im März 1915 bei Neuve Chapelle. Es gab eine Reihe von Neuerungen: deutsche Stellungen wurden zuvor großräumig aus der Luft photographiert; das Artilleriefeuer wurde zeitlich mit den geplanten Vormarschlinien koordiniert; und ein Netz von Feldtelephonen wurde verlegt, ehe der Angriff begann. Nach einem kurzen »Sturmbombardement« griffen die Briten an einem schmalen Frontabschnitt mit einem Übergewicht von 35:1 an. Sie schafften einen anfänglichen Durchbruch, ehe die Verbindungen zusammenbrachen, die Munition ausging und der Vormarsch zum Stillstand kam – das Schema der künftigen Kämpfe an der Westfront.

Die Briten verloren bei Neuve Chapelle 13.000 Mann. Im September verloren sie in den Schlackehaufen und Trümmern der Bergwerke von Loos weitere 65.000 Mann, als sie eine größere französische Offensive in der Champagne unterstützten. Die Franzosen kostete das Unternehmen 190.000 Opfer. Es war von keinem strategischen Erfolg gekrönt, sondern ein reines Gemetzel. In England löste der Mangel an Granaten einen Aufschrei öffentlicher Empörung aus, der zur Einrichtung eines Munitionsministeriums unter David Lloyd George führte.

Unten: Ein Plakat zeichnet ein heroisches Bild von Neuve Chapelle, doch die Opferzahlen des Sommers 1915 lesen sich bitter. In der Schlacht von Aubers Ridge im Mai hielten 15 deutsche Kompanien und 22 Maschinengewehre den Angriff von drei ganzen britischen Brigaden auf. Bei einer Attacke des 1. Bataillons der »Black Watch« erreichten nur 50 Mann lebend die deutschen Gräben. In den ersten zwei Stunden der Schlacht von Loos verlor die 15. Division 60 Prozent ihrer Männer. Als am zweiten Tag zwölf neue Bataillons – insgesamt 10.000 Mann – angriffen, gab es fast 8.300 Opfer. Die deutschen Maschinengewehr-Schützen beobachteten, wie die Briten »buchstäblich zu Hunderten« fielen.

Oben: Fraternisierung zwischen französischen und britischen Soldaten. Ihr Opfer von 1915 war vergeblich gewesen, der französische Oberbefehlshaber Joffre jedoch blieb zuversichtlich, daß er die Deutschen zermürben könnte. Doch die französisch-britische Offensive störte die Deutschen kaum bei ihren Unternehmungen an der Ostfront und auf dem Balkan, wo Serbien geschlagen worden war.

Rechts: David Lloyd George, Munitionsminister, und Winston Churchill, Erster Lord der Admiralität, im Oktober 1915 in Whitehall. Beide Männer vertraten die Strategie, Deutschland durch ein »indirektes Vorgehen« gegen seine Verbündeten zu besiegen. Im Gegensatz dazu glaubten die Militärs, denen die Politiker die gesamte Durchführung des Krieges anvertraut hatten, daß Deutschland nur an der Westfront besiegt werden könne, wo seine Armeen am stärksten waren. Lloyd George, der ursprünglich gegen den Krieg gestimmt hatte, wurde im Juni 1916 nach dem Tod Kitcheners Kriegsminister und im folgenden Dezember Premierminister.

DER KRIEG DER KANONEN

Mit den festen Grabensystemen glich der Krieg in vieler Hinsicht einer gigantischen Belagerung, bei der eine kolossale Menge von Geschützen und Geschossen zum Einsatz kam. Im August 1914 brachten die ersten sechs Divisionen der Briten 486 Kanonen ins Feld, alle bis auf einige leichte Feldgeschütze. Bis zum November 1918 waren 6.432 britische Kanonen aller Typen in Frankreich im Einsatz.

Im Krieg gab die britische Artillerie über 170 Millionen Schuß ab, das entsprach über 5 Millionen Tonnen Munition. In den zwei Wochen vor der dritten Schlacht bei Ypern im Juli 1917 feuerten britische Geschütze 4,283.550 Schuß ab, die 22 Millionen Pfund Sterling kosteten. Auf jeden Meter der 14 km langen Front kamen 5,5 Tonnen Munition aus insgesamt 2.338 Kanonen (davon 800 schwere) und 304 großen, glattläufigen Graben-Mörsern. Alle 6 m Front stand im Schnitt eine Kanone, 160 Kanonen kamen auf einen Kilometer.

Die Artillerie forderte von 1914 bis 1918 fast 70 Prozent der Todesopfer. Truppen, die schwerem Beschuß ausgesetzt waren, litten physische und psychische Qualen. Ein französischer Infanteriefeldwebel beschrieb die Nervenprobe so: *»Angebunden an einen Pfosten, wirst du von einem Kerl mit Vorschlaghammer bedroht. Jetzt holt der Hammer zum Schlag aus, jetzt wirbelt er nach vorn, bis er deinen Schädel gerade noch verfehlt und noch einmal Splitter des Pfostens durch die Luft fliegen läßt. Dies ist genau das Gefühl, wenn man unter schwerem Beschuß steht«.* Trotzdem überlebten auch nach dem schwersten Bombardement genügend Soldaten, um einen Infanterieangriff abzuwehren. Die 4,3 Millionen vor der dritten Schlacht bei Ypern abgefeuerten Granaten konnten die Verteidigung nicht überwinden. Als die Briten zum Sturmangriff antraten, warteten die deutschen Maschinengewehre bereits auf sie.

Unten: Eine amerikanische schwere Batterie in Aktion. Die Wirkung des ständigen Sperrfeuers war psychologisch zerrüttend. Ein britischer Offizier beobachtete: »Die moderne Kriegsführung macht Männer zu zitternden Tieren. Es gibt niemanden, der Granatenbeschuß moderner Art aushält, ohne trübsinnig zu werden.« Ein anderer erinnerte sich, daß »ein Sperrfeuer über uns hing. Es schien, als ob die Luft voll wüster, gequälter Leidenschaft wäre, die bald von Stöhnen und Seufzern, bald von schrillen Schreien zerbarst … schaudernd unter schrecklichen Schlägen«.

Links: Die Mittel des Krieges. Haubitzenrohre schweben über der Produktionshalle einer Rüstungsfabrik in Coventry.

Unten: Ein britischer 60-Pfünder im März 1918 während der zweiten Schlacht an der Somme in Aktion. Der 60-Pfünder leistete auch in Mesopotamien gute Dienste. Bis in die letzten Kriegsmonate an der Westfront gelang es dem schweren Bombardement oft nicht, die feindlichen Stacheldrahtverhaue zu zerstören. Das Aufreißen des Bodens schuf sogar neue Hindernisse. In den Ebenen Flanderns, wo der Grundwasserspiegel hoch und die Entwässerungssysteme dicht unter der Erdoberfläche waren, war das Resultat des Beschusses verheerend.

DIE DARDANELLEN

Im Oktober 1914 trat die Türkei auf seiten der Mittelmächte in den Krieg ein. In England hielt man Operationen gegen die Türken für nötig, um den Suezkanal zu schützen und den Druck auf die Russen zu verringern, indem man ihnen die Route durch die Dardanellen, die Meerenge zwischen Mittelmeer und Schwarzem Meer, öffnete. Eine Verschanzung auf der Gallipoli-Halbinsel auf der nördlichen Seite der Meerenge wäre zugleich ein Sprungbrett für einen Vorstoß nach Istanbul und würde die Deutschen zwingen, Truppen von der Westfront abzuziehen. So argumentierten die sogenannten »Ostler«, besonders Winston Churchill, der Erste Lord der Admiralität.

Ein französisch-britischer Versuch der Marine, die Dardanellen einzunehmen, scheiterte in türkischen Minenfeldern. Eine hastig zusammengestellte Expeditionstruppe von 80.000 Mann unter dem Kommando General Sir Ian Hamiltons landete am 25. April an der felsigen Küste der Halbinsel Gallipoli. Die Türken waren überrumpelt, doch das zögernde Vorgehen Hamiltons erlaubte ihnen, rasch Verstärkung zu holen und seine Männer in ihren Landegebieten einzuschließen. Sie wurden fast ein Jahr lang festgenagelt. Es folgte ein Grabenkrieg unter weit schlimmeren Bedingungen als in Frankreich. Die Briten und das Australien-Neuseeland-Korps hatten keine sichere Zone im Rücken, sondern nur Strand, der dem türkischen Granatfeuer ausgesetzt war. Alles – selbst Wasser – mußte nachts an Land gebracht werden. Krankheiten, vor allem die Ruhr, forderten einen schrecklichen Zoll.

Oben: Britische und französische Flottenverbände versuchen am 19. Februar 1915, die Dardanellen einzunehmen. Die Operation wurde abgebrochen, als am 18. März durch Minen und Feuer aus Küstenbatterien drei Hauptschiffe versenkt und ein viertes beschädigt wurden. Der Erste Weltkrieg war die letzte Auseinandersetzung, bei der das Schlachtschiff als Hauptinstrument der Kriegsmarine galt.

Oben: Türkische Granaten explodieren am 25. April 1915 nahe der gestrandeten *SS River Clyde* in der »V«-Bucht bei Gallipoli. Die *River Clyde*, ein altes Kohlenschiff, das in ein Infanterie-Landeschiff umgebaut worden war, lief an einer Stelle auf, wo das Wasser zu tief war, um an Land zu waten. Viele Männer ertranken unter der Last ihrer Ausrüstung. Unter mörderischem türkischem Feuer war das Meer bis 45 m vor der Küste rot von Blut.

Zwei weitere Landungen Anfang August boten die kurze Chance zu einem Ausbruch von den Brückenköpfen, doch die Chance wurde vertrödelt. Die Truppen wurden im Dezember ohne weitere Verluste evakuiert. Das Fiasko der Dardanellen führte zum Rücktritt Churchills und zuletzt auch der liberalen Regierung Englands.

Unten: Ein heikles Lager für ein britisches Kavallerieregiment. Das Patt an der Westfront wiederholte sich bei Gallipoli, begleitet von Ruhr und Typhus. Der Frost im November 1915 sorgte für 15.000 Fälle von Erfrierungen.

Oben: Das Australien-Neuseeland-Corps (Anzac) in Aktion. Am »Kamm der einsamen Pinie« wurden im August 1915 sieben Viktoria-Kreuze, die höchste britische Auszeichnung für Tapferkeit, verliehen. Bei Gallipoli waren schließlich etwa 498.000 Briten, Franzosen und Anzacs im Einsatz. Die Briten verloren 213.980 Mann, davon mindestens 145.000 durch Krankheiten. Die türkischen Verluste beliefen sich auf 350.000.

DER KRIEG ZUR SEE

Bei Kriegsausbruch frohlockte Admiral Beatty, Kommandant des Schlachtkreuzer-Geschwaders der Royal Navy: *»Seit dreißig Jahren habe ich auf diesen Tag gewartet!«* Die deutsche Hochseeflotte kam dem begeisterten Beatty nicht entgegen. Sie zog sich meist in die Häfen zurück. Die Verluste, die die Deutschen am 28. August vor Helgoland erlitten hatten, wo Beattys Schlachtkreuzer drei leichte Kreuzer und einen Zerstörer versenkten, verstärkten das Zögern des deutschen Oberkommandos, seine Flotte in der Nordsee aufs Spiel zu setzen.

Die Deutsche Marine schlug am 1. November vor der Küste Chiles zu: das China-Geschwader unter Admiral Graf von Spee zerstörte ein Geschwader von veralteten britischen Kreuzern. Spees Erfolg war von kurzer Dauer. Seine Schlachtkreuzer *Scharnhorst* und *Gneisenau* wurden von einem britischen Verband unter den Schlachtkreuzern *Invincible* und *Inflexible* vor den Falklandinseln gestellt und versenkt.

Inzwischen spielten die Deutschen weiter in der Nordsee Fangen. Am 16. Dezember beschossen ihre Schlachtkreuzer die Küstenstädte Scarborough, Hartlepool und Whitby. Fünf Wochen später, am 24. Januar 1915, wurde eine deutsche Streitmacht aus drei Schlachtkreuzern, fünf Kreuzern und 22 Zerstörern unter Führung von Vizeadmiral von Hipper von Beattys Schlachtkreuzer-Geschwader bei einem neuerlichen Streifzug in der Nordsee abgefangen. In der folgenden Schlacht bei der Dogger-Bank versenkten die Briten den älteren Kreuzer *Blücher* und richteten den Rest von Hippers Streitmacht übel zu, ehe er ihnen entschlüpfen konnte.

Admiral Sir David Beatty (1871–1936), von 1913 bis 1917 Kommandant des Schlachtkreuzer-Geschwaders der Royal Navy. Beatty führte die Aktion bei Helgoland im August 1914 an und spielte bei der Schlacht von Jütland 1916 eine wichtige Rolle. Er wurde 1917 zum Kommandanten der Großen Flotte ernannt und diente von 1919 bis 1927 als Erster Seelord.

Links: Englands Flotte dampft im Mai 1916 bei der Schlacht von Jütland in einer Reihe vorwärts. Im Sommer 1914 hatte sie die Stärke von 20 Dreadnought-(»Fürchtenichts«-)Schlachtschiffen, neun »Dreadnought«-Schlachtkreuzern und 41 Vorläufern. 12 weitere Dreadnoughts und ein Schlachtkreuzer waren im Bau. Im Vergleich dazu hatte die deutsche Hochseeflotte nur 13 Dreadnoughts, fünf Schlachtkreuzer und 22 Vorläufer des Dreadnoughts. Sieben Dreadnougths und drei Kreuzer waren im Bau. Das Verhältnis der Hauptschiffe betrug also 42:28 zugunsten der britischen Flotte.

Unten: Deutsche Überlebende werden nach der Schlacht bei den Falkland-Inseln von den britischen Schlachtkreuzern *Inflexible* und *Invincible* im Dezember 1914 aufgefischt.

JÜTLAND – ZUSAMMENPRALL DER SCHLACHTSCHIFFE

Angesichts der zahlenmäßigen Überlegenheit der englischen Marine hoffte Vizeadmiral Scheer, Kommandant der deutschen Hochseeflotte, Teile der britischen Grand Fleet zu einer Reihe von Einzelaktionen zu verleiten und sie so zu schwächen. Doch die Royal Navy fing schon früh im Krieg deutsche Signale und Chiffrierbücher ab und konnte daher die Schachzüge dieser Strategie vorhersehen.

Am 30. Mai 1916 erfuhr Admiral Sir John Jellicoe, der Kommandant der Großen Flotte, aus abgefangenen Funksprüchen, daß die deutsche Flotte von Wilhelmshaven aus in See stach. Im Vorgeschwader befand sich Vizeadmiral von Hippers Erkundungsstreitmacht von Schlachtkreuzern und leichten Kreuzern, der Köder, der die britischen Schlachtkreuzer unter Vizeadmiral Beatty vor die Kanonen der Schlachtschiffe Scheers locken sollte, ehe Jellicoe zu Hilfe kommen konnte.

Jellicoe stellte seine eigene Falle. Ohne daß Scheer davon wußte, dampften seine 24 Dreadnought-(»Fürchtenichts«-) Schlachtschiffe vom Stützpunkt Scapa Flow südlich auf einem Sperrkurs, während Beattys Geschwader, neun Schlachtkreuzer,

Rechts: Der Mann, der an einem Nachmittag den Krieg hätte verlieren können – Admiral Sir John Jellicoe, Kommandant der britischen Flotte. Seine Unentschlossenheit bei Jütland rief Kontroversen hervor, doch sein Hauptziel war, die Flotte intakt zu halten. Seine Beziehung zu seinem großen Rivalen Beatty war nicht gerade herzlich.

Unten: Der Schlachtkreuzer *Queen Mary* (rechts) explodiert um 16.26 Uhr. Sie war mehrfach getroffen worden, und ein Kordit-Geschoß brachte ihr vorderes Magazin zum Bersten. Von 58 Offizieren und 1.228 Mann Besatzung überlebten nur 20. Vor der *Queen Mary* wird der Schlachtkreuzer *Tiger* von deutschen Granaten eingegabelt. Ein Beobachter über das Ende der *Queen Mary*: »Das ganze Schiff schien nach innen zusammenzufallen ... Die Dächer der Geschütztürme, solide Panzerplatten von 70 Tonnen, flogen 30 m weit, dann war da nur noch Rauch.«

verstärkt durch vier neue, schnelle Schlachtschiffe der Queen-Elizabeth-Klasse, von Rosyth abfuhr. Beschirmt und unterstützt von Dutzenden kleinerer Kriegsschiffe, fuhren 37 britische Hauptschiffe vom Dreadnought-Typ gegen 23 ihrer deutschen Gegenstücke. Es war der einzige Fall, in dem sich zwei moderne Kampfflotten in europäischen Gewässern ein Gefecht lieferten.

Beim ersten Zusammenprall der Schlachtkreuzer, der am 31. Mai um 15.48 Uhr aus einer Entfernung von etwa 16 km erfolgte, verlor Beatty die *Indefaticable* und die *Queen Mary*. Um 17.26 Uhr machte er kehrt in Richtung Jellicoe, um Scheer vor die Kanonen der britischen Flotte zu locken. Scheer führte geschickt eine »Schlachtverweigerung« durch, in deren Verlauf ein weiterer britischer Schlachtkreuzer, die *Invincible*, versenkt wurde. Im rasch abnehmenden Licht stießen die beiden Flotten um 19.15 Uhr wieder aufeinander. Wieder von Zerstörung bedroht, zog sich Scheer nach Westen zurück – unter dem Schutz eines massiven Torpedoangriffs seiner Zerstörer, der Jellicoe zwang, nach Osten abzudrehen.

Bei Tagesanbruch dampfte Jellicoe über die leere See. Die Briten hatten drei Schlachtkreuzer, drei Panzerkreuzer und acht Zerstörer verloren, die Deutschen ein altes Schlachtschiff, einen Schlachtkreuzer, vier leichte Kreuzer und drei Zerstörer. Die Deutschen konnten einen taktischen Erfolg verbuchen, doch die britische Flotte war noch am Leben.

Admiral Franz von Hipper, Kommandant des deutschen Schlachtkreuzer-Geschwaders bei Jütland. Das Treffen bewies, daß die deutschen Schiffe für die Schlacht geeigneter waren als die britischen. Sie waren an den wichtigsten Stellen stärker gepanzert und hatten überlegene Kanonen und Feuerleitung. Die größten Verluste an Männern erlitt die britische Flotte bei Jütland durch ungenügend gesicherte Magazine.

DIE ATLANTIKSCHLACHT

Deutschland besaß 1914 eine Unterwasserflotte von etwa 70 U-Booten. Deutsche Admiräle und ihre britischen Gegenspieler betrachteten U-Boote anfangs als Hilfstruppe der Hauptflotten, die als Kundschafter diente und Schlachtschiffe belästigte. Wenig Beachtung fand die Einsatzmöglichkeit der U-Boote gegen Englands Lebensader, die Handelsschiffahrt.

Anfang 1915, im Zuge einer Blockade gegen die Britischen Inseln, erweiterte die Deutsche Marine ihre U-Boot-Operationen. Die Jäger an der Oberfläche zwangen die U-Boot-Kommandanten zu Periskopangriffen, eine Taktik, bei der es schwierig war, neutrale Fahrzeuge zu identifizieren. Am 7. Mai versenkte ein U-Boot das britische Linienschiff *Lusitania*, unter dessen 1.200 Passagieren auch 124 Amerikaner waren. Aus Angst, die USA in den Krieg hineinzuziehen, stoppten die Deutschen im September 1915 den »uneingeschränkten« U-Boot-Krieg.

Unten: Ein deutsches U-Boot auf See. Die Unterseeboote stellten eine neue, mächtige Bedrohung dar, doch wurden sie durch die Verbindung des Konvoy-Systems mit neuer Technologie besiegt. Bis 1918 hatte das Allied Submarine Detection Committee (alliierter Ausschuß zum Entdecken von Unterseebooten) ein neues Sonarinstrument, das ASDIC, zum Aufspüren der U-Boote entwickelt. Von den während des Krieges eingesetzten 372 U-Booten verloren die Deutschen 192.

Der Stillstand an der Westfront führte zu Forderungen, den U-Boot-Krieg wiederaufzunehmen. Am 17. Januar 1917 erklärten die Deutschen, daß alle in der Kriegszone des östlichen Atlantik gesichteten Schiffe, auch neutrale, versenkt werden würden, eine Maßnahme, die die Amerikaner in den Krieg trieb. Das bereitete dem deutschen Oberkommando keine übermäßigen Sorgen. Es hatte berechnet, daß England binnen fünf Monaten bis zur Kapitulation ausgehungert sein würde, ehe eine US-Intervention wirksam würde.

Die U-Boote waren fast erfolgreich. Sie versenkten im April 1917, als die USA in den Krieg eintraten, Schiffe von über einer Million Tonnen. Die Antwort, die der britische Premier Lloyd George der unwilligen Admiralität aufzwang, war das Konvoy-System. In den Weiten des Atlantiks war ein Konvoy von 100 Schiffen für ein U-Boot genauso schwer aufzuspüren wie ein einzelnes ungeschütztes Schiff. Die Verluste verringerten sich dramatisch, während jene der U-Boote durch neue Minenfelder und Rudel von Jagdschiffen ständig stiegen. 1918 betrug die durchschnittliche Lebensdauer eines U-Bootes mit Stützpunkt an der Küste von Flandern nur noch sechs Fahrten.

Oben: Opfer der U-Boote. Die Lösung für das U-Boot-Problem war das Konvoysystem. Am 10. Mai 1917 wurde ein Konvoy versuchsweise von Gibraltar aus gestartet, und im November war das System voll eingeführt. Dadurch wurden die U-Boote gezwungen, Unterwasserangriffe zu unternehmen. Die Begleiter der Konvoys konnten die U-Boote mit Hilfe immer verläßlicherer Unterwasserhorchgeräte lokalisieren und sie mit Wasserbomben angreifen. Auch die Seeminen wurden verbessert und wurden vielen U-Booten zum Verhängnis.

Links: Begräbnis der Opfer des Untergangs der *Lusitania* im Mai 1915. Die Deutschen behaupteten, daß das Linienschiff unter seiner Fracht große Mengen Kriegsmaterial geladen hatte. Es gibt überzeugende Beweise dafür, daß die *Lusitania* auf ihrer letzten Fahrt mehrere Millionen Schuß Munition und eine Menge Sprengstoff transportierte.

KITCHENERS NEUE ARMEEN

Bis 1914 hatte England kein Massenheer wie die kontinentalen Staaten besessen. Doch Kitchener, der Kriegsminister, sah schon bald, daß der Krieg etliche Jahre dauern würde. Um über Deutschland zu siegen, mußte ein »Millionenheer« aufgestellt werden.

Kitchener richtete einen persönlichen Appell an die britischen Männer. Überall blickte sein strenges Gesicht von Plakaten, die verkündeten: *»Dein Land braucht dich«*. Die Antwort war überwältigend. In den folgenden 12 Monaten traten 2,3 Millionen Männer in die »Neue Armee« ein. Als danach der Fluß von Freiwilligen abflaute, wurde für Männer zwischen 18 und 45 die Wehrpflicht eingeführt.

Unten: Einschreibung in die Armee auf dem Trafalgar Square in London. Viele Eintrittswillige waren zu jung. Ein Freiwilliger erinnerte sich: »Der Feldwebel fragte nach meinem Alter, und als er es erfuhr, antwortete er: ‚Verschwinde, mein Sohn, und komm morgen wieder. Dann werden wir sehen, ob du 19 bist, ja?' Ich erschien also am nächsten Morgen wieder und gab mein Alter mit 19 an.« Männer ohne Uniform wurden oft verspottet und mit weißen Federn als Zeichen der Feigheit versehen.

Die Folge war ein Mangel an Facharbeitern in der britischen Industrie, der zur Knappheit an Granaten 1915 führte. Die Neue Armee entstand so schnell, daß sie keine Uniformen, Waffen oder Ausrüstung besaß. Die Ausbildung hatte wenig mit dem Grabenkrieg zu tun, der in Frankreich geführt wurde. Die Männer der Neuen Armee machten ihre erste Erfahrung, wie die Dinge wirklich liefen, 1915 und mußten sich im September dieses Jahres in der Schlacht von Loos bewähren.

Die Unerfahrenheit der Neuen Armee prägte die britischen Angriffspläne von 1916. Sie stellte 97 von 143 Bataillons, die am 1. Juli 1916, dem ersten Tag der Schlacht an der Somme, zum Sturm übergingen. Ihre Befehlshaber hatten kein Vertrauen in ihre Fähigkeiten. Als der Angriff losging, wurde von ihnen nur ein uniformierter Paradeplatz-Vorstoß in aufeinanderfolgenden Wellen über das »Niemandsland« erwartet.

Lord Kitchener (1850–1916), Kriegsminister 1914–1916. Kitchener hatte als Minister und tatsächlicher Armeechef weitreichende Macht, bis seine Befugnisse nach dem Fiasko von Gallipoli im Dezember 1915 eingeschränkt wurden und General Robertson zum Generalstabschef des Empire ernannt wurde. Kitchener ertrank am 5. Juni 1916, als der Kreuzer, auf dem er nach Rußland fuhr, vor den Orkneys auf eine Mine auflief.

Unten: Pflichtübung. Schüler von Eton 1915 beim Exerzieren. Die Gräben warteten auch auf sie.

VERDUN – DAS SCHLACHTHAUS EUROPAS

Im Winter 1915 richtete sich die Aufmerksamkeit des deutschen Stabschefs von Falkenhayn auf das Festungssystem von Verdun, das seiner Kanonen und Besatzung buchstäblich entblößt war. Er wollte das französische Oberkommando zwingen, diese historische Bastion bis zum letzten Mann zu verteidigen und so »Frankreich ausbluten«.

Am 21. Februar 1916 begannen die Deutschen mit einem Bombardement von nie dagewesener Gewalt. Vier Tage später, als General Pétain den französischen Streitkräften in diesem Sektor den Befehl gab, jeden Zoll des von Granaten zerfurchten Bodens zu verteidigen, fiel das praktisch unverteidigte Fort Douaumont in die Hände einer Patrouille von Brandenburgern.

Während der nächsten drei Monate gingen nicht weniger als 78 französische Divisionen in den Fleischwolf von Verdun, den einzigen Weg entlang, den die deutsche Artillerie nicht geschlossen hatte, den »Heiligen Weg«, den jeden Tag 6.000 Lastwagen passierten. Die Franzosen festigten ihre Verteidigungsstellungen, und die Deutschen fingen an, Munition durch Männer zu ersetzen. Nun wurden sie ausgeblutet. Ende April überstiegen ihre Verluste die der Franzosen. Der deutsche Versuch wurde Ende Juni gestoppt, als das britische Bombardement an der Somme begann und die Russen an der Ostfront angriffen. Im Herbst, als die Schlacht um Verdun vorbei schien, eröffnete General Robert Nivelle, der den beförderten Pétain im April ersetzt hatte, eine Serie blitzschneller Gegenschläge, die das verlorene Terrain wiedergewannen. Ein geringer Trost für die 500.000, die die Franzosen bei der Verteidigung von Verdun verloren hatten.

General Erich von Falkenhayn, von September 1914 bis August 1916 deutscher Stabschef, Architekt der Zermürbungsstrategie gegen die Franzosen bei Verdun. Sein Mißerfolg hatte seine Ablösung durch Hindenburg zur Folge. Falkenhayn befehligte anschließend 1916 Truppen in Rumänien und dann im Kaukasus und in Palästina.

Links: Ein französischer Infanterist fällt bei Verdun. Ein französischer Feldwebel beschrieb die verzweifelte Überwindung, die der Sturmangriff erforderte: »Was für eine scheußliche Sache, zu sich selbst zu sagen: In diesem Augenblick bin ich ich selbst; mein Blut kreist und pulsiert in meinen Adern; ich habe meine Augen, meine Haut ist unverletzt, ich blute nicht! ... Oh, schlafen zu können und zu denken, daß dies vorbei ist, daß ich leben werde, daß ich nicht getötet werde!«

Unten: Bei Verdun gefangengenommene Deutsche. Insgesamt betrugen die deutschen Verluste in der Schlacht 440.000. Für die Franzosen wie für die Deutschen »war Verdun die Hölle. Keine Felder, keine Wälder. Nur eine Mondlandschaft. Straßen voller Krater. Gräben aufgerissen, zugeschüttet, wiederhergestellt, wieder aufgegraben, wieder aufgefüllt. Der Schnee ist geschmolzen, die Granatlöcher sind voll Wasser. Die Verwundeten ertrinken darin. Ein Mann kann sich selbst nicht länger aus dem Schlamm ziehen«.

OPFER AN DER SOMME

Im Dezember 1915 bereiteten die Briten und die Franzosen eine gemeinsame große Offensive an der Somme vor, wo ihre Linien aufeinandertrafen. Dieser Abschnitt war bislang meist ruhig gewesen. Die Bataillone hatten gelegentlich ungestört auf offenem Feld im Angesicht des Feindes exerziert.

Nach der Auseinandersetzung um Verdun sollte das Gewicht des Kampfes in diesem Sektor nun von der britischen 3. und 4. Armee getragen werden. Ihre umfangreichen Vorbereitungen fielen den Deutschen auf. Sie verstärkten die Verteidigungsstellungen ihrer Front, um dem Angriff zu begegnen. Am 24. Juni 1916 begann er mit einem massiven Bombardement.

Das britische Oberkommando erwartete, daß der Beschuß, bei dem über 1,5 Millionen Granaten – darunter viele Blindgänger – abgefeuert wurden, den Stacheldraht zerreißen, die deutschen Batterien zum Schweigen bringen und die Verteidiger in ihren Gräben begraben würde. Weit gefehlt. Am 1. Juli um 7.30 Uhr in brütender Morgenhitze wurde die zweite deutsche Linie beschossen. Die deutschen Maschinengewehr-Schützen tauchten erschüttert, aber unversehrt aus ihren Gräben auf und eröffneten ein verheerendes Feuer auf die 13 britischen Divisionen, die über das »Niemandsland« vorrückten.

Unten: Irische Soldaten rasten am ersten Tag an der Somme in einem Verbindungsgraben. Die irischen Formationen waren an diesem Tag in schwere Gefechte verwickelt. Vier Männer wurden mit dem Victoria-Kreuz ausgezeichnet, drei davon posthum. Die Ulster-Divison nahm bei Thiepval einen langen Abschnitt der deutschen Frontlinie ein und kämpfte sich bis zur zweiten deutschen Linie durch, ehe sie zurückgeschlagen wurde.

Rechts: Soldaten der irischen Tyneside-Brigade gehen am 1. Juli nahe von La Boisselle zum Angriff über. Beim Vorrücken über offenes Gelände wurden die 3.000 Mann der Brigade vom Maschinengewehrfeuer zerfetzt. Sergeant J. Galloway erinnerte sich: »Ich sah rechts und links von mir lange Reihen von Männern. Dann hörte ich das entfernte Rattern der Maschinengewehre. Als ich weitere 10 Meter vorwärtsgekommen war, schienen nur noch einige Männer um mich zu sein; nach 20 Metern war ich allein. Dann wurde ich selbst getroffen.«

Oben: Britische und deutsche Verwundete während der Kämpfe bei Montauban am 19. Juli auf dem Weg zu einem Verbandsplatz.

Am Abend hatten die Briten 60.000 Mann verloren, davon waren 19.000 tot. Die Offensive ging mit kleinen Gewinnen weiter. Am 15. September sollten britische Panzer die deutsche Linie südlich von Bapaume durchstoßen, doch es gab keinen Durchbruch, sondern nur Herbstregen und Schlammseen. Die Schlacht an der Somme endete am 18. November, als die Briten 420.000 Mann verloren und die Deutschen ähnlich hohe Verluste hatten. Aller Idealismus war an der Somme erloschen.

DIE HEIMATFRONT

Schon 1914 war das Gefühl weit verbreitet, daß daheim die Alltagsroutine trotz des Krieges aufrechterhalten werden müsse. Doch die Erfordernisse des Krieges führten in den nächsten Jahren zu wichtigen gesellschaftlichen Änderungen.

Der Abzug der Männer führte in der Industrie zu einem Mangel an Facharbeitern. In den Fabriken wurden ihre Plätze größtenteils von Frauen eingenommen, ein wichtiger Schritt auf dem Weg zur weiblichen Emanzipation. Während des Krieges drangen die Frauen in traditionell männliche Arbeitsbereiche vor. Ein Soldat auf Heimaturlaub begegnete Frauen, die als Gepäckträger und Schaffner bei der Eisenbahn und Straßenbahn arbeiteten. Mitglieder der britischen Women's Land Army halfen, die landwirtschaftlichen Erträge zu steigern.

Doch gab es auch Probleme. Trotz der Zusagen der Regierung verdienten die Frauen weniger als die Männer. Gewerkschaftler klagten, die Beschäftigung so vieler Frauen in der Industrie – in einigen Munitionsfabriken arbeiteten dreimal so viele Frauen wie Männer – werde die Löhne der Männer senken.

Unten: Eine Frau bei der Arbeit in einer Maschinenfabrik. Der Krieg war insofern ein totaler Konflikt, als er die kämpfenden Nationen zwang, ihre Gesellschaft, Wirtschaft und sogar die politischen Strukturen zu verändern. Er verlangte in nie dagewesenem Ausmaß die totale Mobilisierung der staatlichen Ressourcen, was zu einem wachsenden Eingriff in alle Aspekte des Lebens der Bürger führte. Dies reichte von relativ unbedeutenden Dingen wie der Einführung der Sommerzeit in England – als Mittel zur Steigerung der landwirtschaftlichen und industriellen Erträge – und einschränkenden Gesetzen bis hin zur Kontrolle des Arbeitsmarktes nach dem Defence of the Realm Act.

Während des Krieges stieg der Preis für Grundnahrungsmittel stark an. Von 1914 auf 1915 stieg der Preis für Fleisch um 40 und der für Zucker um fast 70 Prozent. Dies führte zu Anschuldigungen, »Profiteure« würden die Situation ausnutzen, um ein Vermögen zu machen. Danach bedrohte der U-Boot-Krieg Englands atlantische Versorgungslinien, doch erst im Februar 1918 wurden Zucker, Fleisch und Butter rationiert. Als 1915 Klagen kamen, daß die gutbezahlten Arbeiter der Munitionsfabriken ihre Nachmittage vertranken, handelte die Regierung rascher und erließ Gesetze, die die Öffnungszeiten der Wirtshäuser beschränkten.

Unten: Die Fleischkarten für König George V. und Königin Mary. Der König gab ein gutes Beispiel, indem er für die Zeit des Krieges das Trinken aufgab und die königlichen Güter für die Getreideproduktion zur Verfügung stellte.

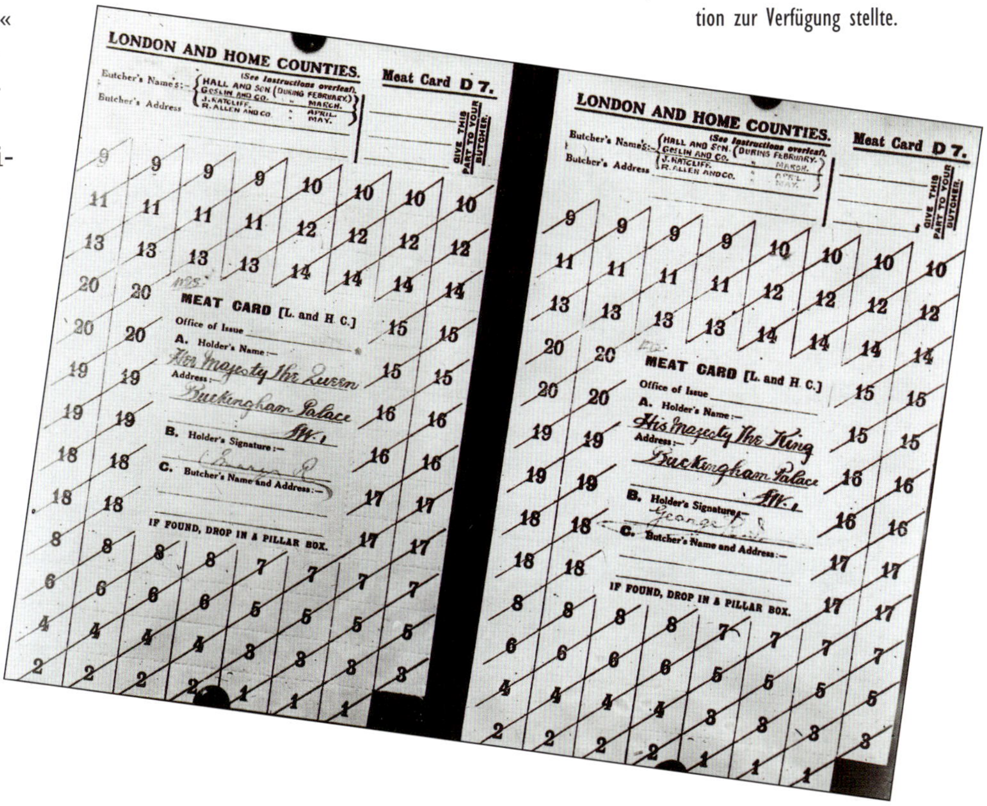

Unten: Mitglieder der Women's Land Army, photographiert im März 1918.

DER KRIEG IN DER LUFT

Die einfache Feststellung bei Ausbruch des Krieges: *»Die Geschwader sind nach Frankreich geflogen«* markierte das Ende der sicheren Distanz Englands vom Kontinent und kündigte eine neue Art von Kriegsführung an.

Dreiundsechzig zerbrechliche, doch an sich stabile Flugzeuge des Royal Flying Corps (RFC) begleiteten die Britische Expeditionsstreitmacht. Die Aufklärung war während des ganzen Krieges die wichtigste Rolle der kämpfenden Luftwaffe. Der Luftkampf begann, als kühnere Geister mit Karabinern, Wurfpfeilen und sogar Ziegelsteinen bewaffnet in die Luft aufstiegen, um sicherzustellen, daß sie nicht gestört wurden.

Im Februar 1915 experimentierten zwei Franzosen, Roland Garros und Raymond Saulnier, mit einem nach vorn feuernden Maschinengewehr, indem sie Stahlplatten auf dem Propeller befestigten, die den geringen Prozentsatz von Kugeln ablenken sollten, die ihn vermutlich treffen würden. Im April stürzte Garros hinter den deutschen Linien ab, und sein erbeutetes Flugzeug regte den in Holland geborenen Ingenieur Anton Fokker dazu an, ein mechanisches Unterbrecher-Getriebe zu konstruieren, das das Gewehr nur feuern ließ, wenn kein Propellerflügel im Weg war. Es wurde in das Eindecker-Flugzeug eingebaut, das so zum ersten wirklichen Jagdflugzeug wurde.

Rechts: Rapport einer RFC-Mannschaft nach einer Mission über den feindlichen Linien. Das Entdecken von Zielen aus der Luft und das Einweisen der entsprechenden Artillerie mittels ins Flugzeug eingebauter Funkempfänger war die primäre Aufgabe des alliierten und deutschen Flugdienstes, solange man die Artillerieunterstützung für entscheidend bei jedem Durchbruchsversuch hielt. Der vorherrschende Westwind brachte das RFC in ständigen taktischen Nachteil und forderte einen schweren Zoll bei den im Kampf beschädigten oder versagenden Flugzeugen, die sich zu den Alliierten zurückkämpften.

Unten: Ein britisches Aufklärungsflugzeug landet bei Sonnenuntergang.

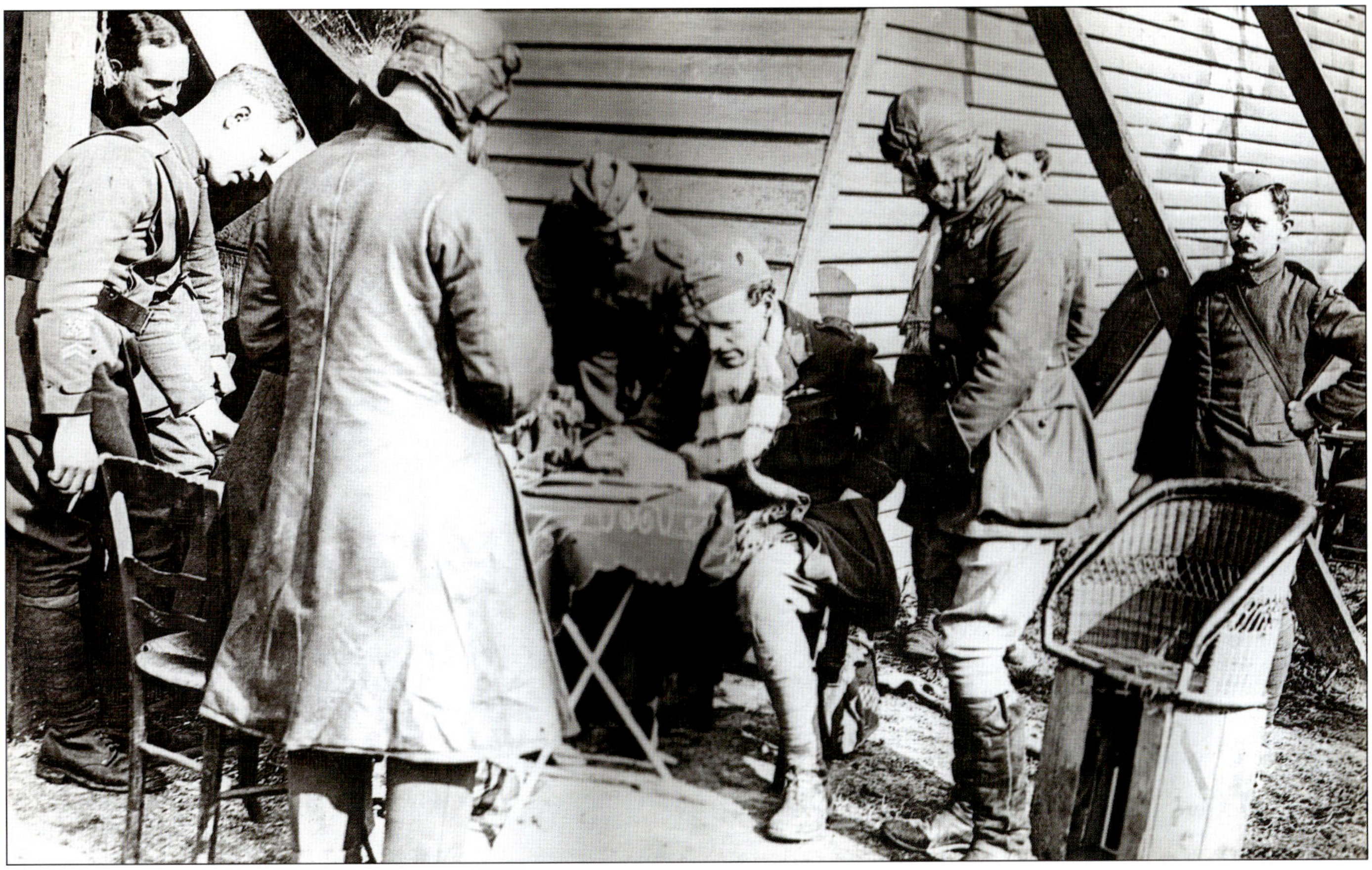

Oben: Die Luftaufnahme machte rasche Fortschritte. Bis März 1915 hatte die RFC ein vollständiges Bild der deutschen Gabensysteme gegenüber der 1. britischen Armee bei Neuve Chapelle bis zu einer Tiefe von 1.350 m erstellt. Die Einzelheiten wurden in eine Landkarte eingetragen, von der 1.500 Kopien an jedes Korps, das am Angriff vom 10. März teilnahm, ausgegeben wurden.

ZEPPELIN

In »The World Crisis« beschrieb Winston Churchill die seit Kriegsbeginn weitverbreitete Furcht, daß *»jeden Moment ein halbes Dutzend Zeppeline auftauchen könnten, um London oder, noch schlimmer, Chatham, Woolwich oder Portsmouth zu bombardieren«.*

1914 verfügten die deutschen Streitkräfte über 30 Starrluftschiffe, alle vom Zeppelin-Typ, der nach seinem Designer Graf Ferdinand von Zeppelin benannt war. Obwohl ihre wirksamste Rolle während des Krieges in der Aufklärung über dem Meer bestand, wurden die Zeppeline bald auch für Bombardements verwendet, zunächst an der Westfront und dann gegen die Britischen Inseln.

Den ersten Zeppelin-Angriff auf London startete die Luftschiff-Division der Deutschen Marine am 8. September 1915. Die L13 durchbrach Londons primitive Luftverteidigung und warf ihre Bomben auf der Linie von der Euston bis zur Liverpool Street ab. 26 Menschen wurden getötet. Nach diesem und weiteren Zeppelin-Angriffen auf London kam es zu antideutschen Krawallen. Bis Kriegsende flogen Luftschiffe 51 Bombenangriffe gegen England, die 557 Menschen töteten.

Trotz ihrer Größe – die »Super-Zeppeline«, die 1916 in Dienst genommen wurden, waren 195 m lang – erwiesen sich Luftschiffe als fragil, waren auch bei größter Sorgfalt schwierig zu steuern und durch die Elemente und mit Brandgeschossen bewaffnete Jägern verwundbar. Bei Kriegsende waren über 60 der 88 bewaffneten Zeppeline verlorengegangen, 34 davon bei Schlechtwetter-Unfällen, der Rest durch Angriffe alliierter Flug-zeuge und Bodenbeschuß. Die Zeppeline legten erhebliche Ressourcen der britischen Luftverteidigung lahm, die ansonsten in Frankreich zum Einsatz gekommen wären.

Oben: Posten bewachen das Wrack des Zeppelin L31, der über Potters Bar am 1. Oktober 1916 von einer britischen BE2c abgeschossen wurde. Der Pilot, der Zweite Leutnant Wulstan Tempest, sah die Hülle des Luftschiffs »wie eine gewaltige chinesische Laterne im Inneren rot aufglühen«.

Links: LZ95, ein an der Westfront eingesetzter Zeppelin der deutschen Armee, der 1916 abgeschrieben wurde, nachdem er von französischem Granatfeuer getroffen und nahe Namur abgestürzt war. Die Silhouetten der Menschen am Geschützturm vorne an der Oberseite der Hülle vermitteln einen Eindruck von der gewaltigen Größe des Zeppelins.

Rechts: Antideutscher Aufruhr in East End von London nach Zeppelin-Angriffen im Herbst 1915.

DIE FLIEGERASSE

Mit Piloten wie Max Immelmann und Oswald Boelcke forderte der Eindecker einen schweren Zoll unter den relativ schutzlosen alliierten Flugzeugen. Boelcke, der 40 Siege verzeichnete, formulierte einen Satz prägnanter Grundregeln des Luftkampfs, die »Dicta Boelcke«. Noch im Zweiten Weltkrieg erhielten die Luftwaffenpiloten dieses Heft.

Boelcke baute aufgrund seiner Erfahrungen im harten Luftkampf von Februar bis Juni 1916 über Verdun spezielle Jägergeschwader auf, die Jagdstaffeln, genannt »Jastas«. Zu den Rekruten der Jasta 2 unter Boelckes Kommando gehörte Freiherr Manfred von Richthofen, mit 80 Siegen das Top-As des Krieges.

Mit der Entwicklung neuer Flugzeugtypen begannen die Alliierten ihre eigenen Flieger-Asse hervorzubringen, darunter den zerbrechlich wirkenden französischen Capitaine George Guynemer der Staffel N3 und den jugendlichen Captain der RFC Albert Ball, der in der 11. Staffel flog. Wie viele Fliegerasse wendeten sie die Taktik des »Einsamen Wolfs« an, unbeirrt durch eine häufig schwere Übermacht. Trotzdem entwickelte sich der Luftkampf bis 1917 hauptsächlich zu einer Sache des Teamworks, die auf Formationsflügen beruhte.

Oben: Oswald Boelcke, der Vater der Taktik der Jagdpiloten. Er kam auf 40 Siege, ehe er am 25. Oktober 1916 abgeschossen und getötet wurde, während er die Jasta 2 anführte, die anschließend »Jasta Boelcke« genannt wurde. Boelckes Ruhm wurde von dem seines Freundes Max Immelmann überschattet, dem »Adler von Lille«, der mit seinem Eindecker 17 alliierte Flugzeuge abschoß, ehe er am 15. Juni 1916 sein Ende fand.

Links: Das französische As Georges Guynemer, mit einer Infanterieeskorte bei einer Fahnenweihe. Bis 1917 war der zerbrechlich wirkende Guynemer Frankreichs führendes As; er flog mit der Elite der Cigognes-Gruppe (»Störche«) die Spad S VII. Seinen 54. und letzten offiziellen Sieg verzeichnete er am 6. September 1917. Fünf Tage später kehrte er nicht mehr zurück; vielleicht war er von Bodenfeuer getroffen worden. Seine Spad stürzte während eines Sperrfeuers ab, und sowohl Flugzeug wie auch Nationalheld wurden von den Granaten ausradiert.

Links: Der legendäre »Rote Baron«, Rittmeister Manfred Freiherr von Richthofen. Er schoß mehr Flugzeuge als jeder andere Pilot des Ersten Weltkriegs ab – insgesamt 80 – und war in einem neuen und tödlichen Beruf überragend. Seinen Spitznamen verdankte er dem rotbemalten Fokker DrI-Dreidecker, den er häufig flog und in dem er am 21. April 1918 getötet wurde – abgeschossen von einer Sopwith Camel, die Fliegerkommandant A. R. Brown vom 209. Geschwader der britischen Luftwaffe flog.

Unten: Die Albatros-Doppeldecker der Jasta 11, von Richthofens »Fliegender Zirkus«, der sich einiger der besten Kampfpiloten des Krieges rühmen konnte. Bis zum Frühling 1917 wurde der Albatros D III von allen deutschen Jagdeinheiten der Front geflogen und fügte den Briten schwere Verluste zu. Erst im Herbst 1917 wurde seine Leistung von den neuen alliierten Jägern, der Sopwith Camel und der französischen Spad VII, übertroffen.

DIE OSTFRONT

Im März 1915 nahmen die Russen die Offensive in Galizien wieder auf und nahmen die Festung Przemysl ein. Ihr Erfolg zwang den deutschen Stabschef Falkenhayn, seine Aufmerksamkeit der Ostfront zuzuwenden. Wenn er die Russen entscheidend schlagen konnte, dann konnte er nachher überlegene Kräfte gegen die Alliierten im Westen aufbringen.

Im Mai griffen die Deutschen und Österreicher bei Gorlice auf einer 45-km-Front an, vertrieben die Russen aus fast ganz Polen und machten fast eine Million Gefangene. Die Russen zogen sich 480 km zu einer neuen Verteidigungslinie zurück. Der Zar entließ den Großfürsten Nikolai als Oberbefehlshaber und übernahm selbst das Kommando.

Im Juni 1916 waren die Russen bereit, wieder anzugreifen. Ihr Vorstoß nach Warschau scheiterte, doch südlich der Pripjetsümpfe entfesselte General Alexei Brusilow entlang einer 480-km-Front eine Überraschungsoffensive gegen die österreichische 4. und 7. Armee. Ohne sich mit Truppenkonzentrationen und einleitenden Bombardements aufzuhalten, griff er einfach überall an. In zwei Wochen machte er 200.000 Gefangene.

Oben: Zar Nikolaus II. inspiziert eine Ehrengarde der Kosaken. 1915 streckten die Deutschen Fühler zum Zaren aus und schlugen ein Friedensabkommen auf der Grundlage des Status quo vor. Nikolaus II. fürchtete, daß alles andere als ein Sieg seine Autorität untergraben könnte, blieb seinen französischen Verbündeten treu. Rußland blieb im Krieg, den es weder gewinnen noch beenden konnte.

Rechts: Russische Infanterie ruht sich in einem eroberten deutschen Schützengraben aus. Die russischen Siege im Sommer 1916 wurden aus Notwendigkeit geboren. Ohne genügend Munition hatte Brusilow auf Überrumpelung, wenig oder gar kein Einleitungs-Bombardement und getrennte Angriffe an einer breiten Front gesetzt, um den Feind in bezug auf seine Absichten zu verwirren. Doch hatte er nicht die Reserven, den Durchbruch auszunützen.

Links: Deutsche Truppen marschieren durch eine russische Stadt. 1915, wie schon 1914, errangen die Deutschen an der Ostfront eine Reihe spektakulärer Siege, vertrieben die Russen aus Polen und machten dabei 750.000 Gefangene. Wie aber General Brusilow im Sommer 1916 zeigte, blieb die russische Armee eine Bedrohung.

Am Ende des Sommers hatte deutsche Verstärkung, die vom Angriff auf Verdun abgezogen worden war, und der Mangel der Russen an Munition und Reserven Brusilows Offensive ein Ende gemacht. Sie hatte die militärische Stärke Österreichs untergraben, aber auch von den Russen fast eine Million Opfer gefordert, Verluste, die den Zusammenbruch beschleunigten, der zur Russischen Revolution führte.

DIE ITALIENISCHE FRONT

Italien erklärte Österreich-Ungarn am 23. Mai 1915 den Krieg. Das Hauptkampfgebiet lag im Bereich des Flusses Isonzo, westlich von Triest, wo in den Bergen starke österreichische Kräfte in ausgezeichneten Verteidigungsstellungen verteilt waren. Die Italiener bestürmten diese in einer langen Reihe von Offensiven, bekannt als die Isonzo-Schlachten, doch erst bei der elften Offensive im August/September 1917 durchbrachen sie die österreichische Front.

Deutsche Hilfe kam in Form der 14. österreichischen Armee, die viele deutsche Truppen umfaßte, deren Infiltrationstaktik in der zwölften Isonzoschlacht im Oktober und November 1917 den Sieg sicherte. Bis zum 12. November waren die Italiener an die Piave zurückgedrängt worden, wo der österreichisch-deutsche Vorstoß wegen Nachschubmangels und der Ankunft von elf britischen und französischen Divisionen unter General Plumer stockte. Trotzdem verloren die Italiener etwa 400.000 Soldaten, 350.000 wurden gefangengenommen.

Unten: Italienische Kanoniere schicken ihren österreichischen Gegnern tödliche Ostereier. Die italienische Artillerie hämmerte in der siebten Isonzoschlacht von Mitte September 1916 bis in den November hinein auf den Feind ein.

Unten: Österreichische Truppen an der Isonzofront. Bei der Schlacht von Caporetto trieben die österreichisch-deutschen Streitkräfte die Italiener mit neuen Infiltrationstaktiken bis an die Piave zurück. Ein junger deutscher Offizier, der sich in der Schlacht auszeichnete und einen Pour le Mérite erhielt, war ein gewisser Erwin Rommel.

Die deutschen Truppen wurden 1918 aus Italien an die Westfront verlegt. Es wurde den Österreichern überlassen, sich in einer erneuten Offensive im Juni selbst herauszuhauen. Das österreichisch-ungarische Reich fiel in die Bedeutungslosigkeit, und sein Oberkommando strebte in Italien verzweifelt einen Waffenstillstand an, bis es Anfang November seine endgültige militärische Niederlage bei Vittorio Veneto erlebte.

Unten: Deutsche Maschinengewehr-Schützen 1917 in Italien. Der deutsche Stahlhelm wurde erstmals im Jänner 1916 bei Verdun an die Truppen verteilt, doch erst nach einem Jahr wurde er zur Standardausrüstung. Er wog etwas mehr als ein Kilo. Der französische Helm wurde 1915 eingeführt, der britische im Februar 1916.

DIE NIVELLE-OFFENSIVE

Nach seinem Erfolg bei Verdun löste General Nivelle Joffre als Oberbefehlshaber ab und versprach, den Krieg mit einem Schlag von »Gewalt, Brutalität und Schnelligkeit« zu beenden. Er fand im britischen Premier David Lloyd George einen Partner, der ihn in seinen eigenen Privatkrieg mit dem britischen Oberbefehlshaber Sir Douglas Haig hineinzog.

Die alliierten Pläne für eine gemeinsame Offensive im Frühling 1917 unter französischem Befehl – sehr gegen den Willen des britischen Oberkommandos – wurden durch den deutschen Rückzug zur befestigten Hindenburg-Linie ab dem 16. März gestört. Strotzend vor Selbstvertrauen, das ans Pathologische grenzte, ignorierte Neville die veränderten Umstände. Er modifizierte seine Strategie nicht, als die Offensive am 16. April entlang einer 65-km-Front östlich von Soissons startete.

Vor der Schlacht hatte Neville von 10.000 Toten als Preis für den Sieg gesprochen. In den ersten vier Tagen verloren die französische 5. und 6. Armee 120.000 Mann. Nivelles Versuche, an seiner gescheiterten Offensive festzuhalten, zerbrachen den Geist der französischen Armee – der schon durch die Opfer bei Verdun geschwächt war – und führten zu einer weitreichenden Meuterei. Innerhalb eines Monats konnte sich das Oberkommando auf 54 Divisionen, die Hälfte der französischen Armee, nicht mehr verlassen.

Rechts: Der Mann, der zuviel redete. General Nivelle, immer noch unbeschwert, 1920 bei einem Besuch in New York. Er machte keinen Versuch, das Geheimnis seiner Offensive zu hüten. Die Deutschen, im Besitz eines erbeuteten Sets der französischen Pläne, bereiteten ihre Verteidigung sorgfältig vor.

Rechts: Französische Truppen gehen zum Sturmangriff über. In der Eröffnungsphase der Nivelle-Offensive zeigten sie unter entsetzlichen Witterungsbedingungen große Schneid und Tapferkeit. Doch wieder einmal hatten die deutschen Maschinengewehre das Eröffnungs-Bombardement überstanden und mähten ganze Wellen der französischen Infanterie nieder. Mit größter Anstrengung eroberten die Franzosen sechseinhalb Kilometer, doch niemand glaubte, daß dies der entscheidende Sieg sei, den der großsprecherische Nivelle versprochen hatte.

Links: Französische Kriegsgefangene nach der Nivelle-Offensive. Ihre Anstrengungen waren ein Versuch, zuviel zu beweisen.

MEUTEREI

Im Frühling 1917, nach dem Scheitern der sinnlosen Offensive Nivelles in der Champagne, war die Moral der französischen Armee am Ende. Für viele Einheiten war der Abschied in weite Ferne gerückt; die Zahl der Desertionen hatte sich mehr als verdoppelt. Pétain schrieb düster: *»Hoffnungslosigkeit und Pessimismus breiten sich aus ... und schwemmen den aufgesetzten künstlichen Enthusiasmus davon ...«*

Im Mai 1917 verdichteten sich einzelne Akte des Protests und Ungehorsams zur offenen Meuterei. Ende des Monats, so schätzte man, waren nur noch zwei der 12 Divisionen in der

Unten: Am Ende der Geduld – ein Held von Verdun. Die zehnmonatige Schlacht forderte schrecklichen psychologischen Tribut. Ein junger Franzose, der bei Verdun getötet wurde, hatte in sein Tagebuch geschrieben: »Sie werden uns nicht dazu bringen können, so etwas noch einmal zu machen.«

Champagne zuverlässig – und keine davon lag zwischen Paris und Soissons. Erstaunlicherweise nutzten die Deutschen die Krise der französischen Armee nicht aus. Pétain sollte die Ordnung wiederherstellen. Er wandte eine Mischung aus brutaler Gewalt und Zugeständnissen an. Die Todesstrafe verhängte er nur über die schwersten Fälle, von denen 55 dem Exekutionskommando überantwortet wurden; weit mehr wurden summarisch hingerichtet. Weitere Meuterer wurden in Strafkompanien versetzt und erhielten die gefährlichsten Aufgaben zugeteilt.

Pétain verbesserte auch die Kommunikation zwischen den Hauptquartieren und den Männern an der Front, erhöhte den Sold und verbesserte die Bedingungen für seine Truppen. Vor allem aber setzte er seine Theorie in die Praxis um, den Feind mit begrenzten und opferarmen Angriffen zu zermürben. Diese Maßnahmen retteten die Armee vor der Auflösung und bereitete sie auf die deutsche Offensive von 1918 vor.

Unten: Französische Infanterie – der legendäre »Poilu« – sieht ihre Post durch. Die Verbesserung der Bedingungen an der Front spielte eine wichtige Rolle dabei, die französische Armee wieder in Schwung zu bringen. Am 2. Juli wurden allen Truppen alle vier Monate sieben Tage Urlaub zugesichert, später waren es zehn Tage. Die Ernährung wurde verbessert, ebenso die Anlagen in den Ruhezonen. Am 3. August erging ein Befehl zur sofortigen Auslieferung von einer halben Million Betten in die Ruhezonen.

Unten: Französische Infanterie im Juni 1917 im Einsatz, zu einer Zeit, als bei wenigen sicher war, daß sie Befehle befolgen würden. Bis Ende Mai hatte die französische Armee über 55 Meutereien erlebt. Männer, die ihre Posten nicht verlassen hatten, hielten die Stellung, weigerten sich aber anzugreifen. Die Briten waren gezwungen, ihre Offensive bei Arras fortzusetzen, die am 9. April als Ablenkungsmanöver begonnen hatte, um Nivelles Angriff zu unterstützen. Diese »Ablenkung« kostete 158.000 Mann das Leben.

DIE DEUTSCHE HEIMATFRONT

Die Anforderungen des Krieges – der Bedarf an Geschützen und Granaten – schufen eine industrielle Revolution. Neue Industriezweige entstanden und mit ihnen neue Arbeitsmethoden und neue gesellschaftliche Probleme: Nahrungsmangel und explodierende Preise, Unmut über »Kriegsgewinnler« und die Sicherung des Unterhalts der Frauen und Familien der in den Streitkräften dienenden Männer.

Die Deutschen machten für den Nahrungsmangel, unter dem sie den gesamten Krieg lang litten, die Seeblockade der Briten verantwortlich. Doch anders als England hatte Deutschland vor dem Krieg kaum Lebensmittel importiert. Doch Millionen von Landarbeitern waren zur Armee eingezogen worden. Die Ernte 1916 war schlecht, auf sie folgte ein harter Winter, der »Rübenwinter«, in dem Wurzelgemüse zur Standardmahlzeit wurde.

Der Nahrungsmangel beunruhigte Hindenburg und Ludendorff, 1916 die mächtigsten Männer Deutschlands. Ludendorff hatte den Vorsitz im neu eingerichteten Kriegsamt, das die Arbeitskräfte Deutschlands für den Krieg organisierte. Theoretisch konnte es alle männlichen Arbeiter von 18 bis 60 einziehen. In der Praxis lockte es die Arbeiter mit höheren Löhnen.

Doch die Nahrungsknappheit verfolgte Deutschland bis Kriegsende. Im Oktober schrieb ein Mitglied der deutschen Regierung: *»Wir haben kein Fleisch, Kartoffeln können nicht ausgeliefert werden, weil uns 4.000 Lastwagen pro Tag fehlen. Fett erhält man nicht. Der Mangel ist so groß, daß es für mich rätselhaft ist, wovon die Menschen in Berlin leben. Die Arbeiter sagen: ‚Besser ein Ende mit Schrecken als ein Schrecken ohne Ende'.«*

Unten: Brotverteilung in Wien.

Links: 1915, als die Hoffnungen auf einen Sieg noch groß waren, stürmt eine Schar von Zivilisten die Sparkasse von Charlottenburg, um Kriegsanleihen zu zeichnen. Jeder Zeichnende durfte einen Nagel in eine riesige Holzstatue Hindenburgs schlagen. Bezeichnenderweise versuchte keine der kämpfenden Nationen, den Krieg durch Steuererhöhungen zu finanzieren. Deutschland senkte die Steuern sogar, um die Härten des Krieges zu lindern. Bei der Schlußabrechnung, so glaubte man, würde der besiegte Feind alles zahlen.

Unten: Frauen und hungrig aussehende Kinder stehen 1916 in einer Rationierungs-Schlange.

DIE YANKEES KOMMEN!

Als Woodrow Wilson im November 1916 zum zweiten Mal die US-Präsidentschaftswahlen gewann, warb seine Partei, die Demokraten, mit dem Slogan: »Er hielt uns aus dem Krieg heraus«. Doch Amerikas Isolation war bald vorüber.

Der uneingeschränkte deutsche U-Boot-Krieg führte zum Kriegseintritt der USA. Am 31. Januar 1917 verkündete Deutschland, daß alle in der atlantischen Kriegszone gesichteten Schiffe, auch die neutralen, von U-Booten versenkt werden würden. Am 2. Februar brach Wilson die Beziehungen zu Deutschland ab. Die U-Boote begannen sofort, US-Schiffe zu versenken. Als amerikanische Zeitungen das »Zimmerman-Telegramm« veröffentlichten, einen Plan, der den Mexikanern helfen sollte, New Mexico von den USA wiederzugewinnen, erklärte Wilson am 6. April 1917 Deutschland gegen seine Überzeugung den Krieg.

Unten: General Pershing und Georg V. inspizieren amerikanische Truppen. Als US-Militärattaché in Tokio hatte »Black Jack« Pershing den Russisch-Japanischen Krieg von 1905/06 beobachtet. 1916 hatte er eine Streitmacht von 10.000 Mann befehligt, die während der Mexikanischen Revolution nach Mexiko gesandt worden war, um Pancho Villa zu jagen. Als Kommandant der Amerikanischen Expeditionsstreitmacht den Kaiser zu jagen, war eine noch anspruchsvollere Aufgabe.

Rechts: Amerikanische Truppen wurden im August 1917 in London freundlich empfangen. Es sollte noch Monate dauern, ehe sie in Frankreich zum Einsatz kamen. In dieser Phase des Krieges waren amerikanische Geldanleihen nützlicher als Soldaten. Doch der Kriegseintritt der Vereinigten Staaten verlieh den Alliierten mächtigen moralischen Auftrieb und stärkte die Hoffnung auf den Sieg 1918.

Amerikas Kriegseintritt eröffnete den Alliierten fast unbegrenzte Ressourcen an Menschen und Material, doch würde die Mobilisierung einige Zeit dauern. In Frankreich vollzog sich der amerikanische Aufmarsch quälend langsam. Bis zum 1. Mai 1918 waren knapp acht Divisionen in Frankreich, der Großteil davon nicht für den Kampf vorbereitet. Ihr Kommandant, General John Joseph Pershing, stimmte nur widerwillig zu, seine kleine Streitmacht den britischen und französischen Kräften zu Hilfe zu schicken, welche unter dem Ansturm der Ludendorff-Offensive wankten, die im März 1917 begonnen hatte.

Unten: Feuertaufe. Eine zuversichtliche Kolonne von amerikanischen Soldaten marschiert am 19. Mai 1918 an kriegsmüder britischer Infanterie vorbei, zehn Tage, ehe die US-Formationen das erstemal an der Westfront den Geschmack des Kampfes kennenlernten.

DIE NEBENSCHAUPLÄTZE

Der Erste Weltkrieg war ein globaler Konflikt. Den Mittelmächten Deutschland, Österreich-Ungarn, der Türkei und Bulgarien standen nicht weniger als 22 verbündete Staaten, darunter Japan, Portugal und die USA, gegenüber.

Der Krieg reichte weit über die Ost- und Westfronten in Europa hinaus. Noch innerhalb Europas gab es Krieg zwischen Österreich-Ungarn und Italien, das im Mai 1915 den Alliierten beigetreten war. Im Versuch, den Serben zu Hilfe zu kommen, landete im Oktober 1915 eine britisch-französische Streitmacht in Saloniki, um eine eigene Balkanfront gegen Bulgarien zu eröffnen. Bis 1917 saßen fast 600.000 alliierte Soldaten an diesem Schauplatz fest, den die Deutschen sarkastisch das »größte alliierte Internierungslager des Krieges« nannten.

Der alliierte Krieg gegen die Türkei umfaßte den Dardanellen-Feldzug von 1915, den russischen Feldzug im Kaukasus und die britischen Feldzüge in Ägypten, Palästina und Mesopotamien. Krieg wurde auch in den deutschen Kolonien Kamerun, Togo, Deutsch-Südwest- und Ostafrika geführt. Hier lähmte der glänzende deutsche General von Lettow-Vorbeck, der nur 4.000 Mann zur Verfügung hatte, eine britische Streitmacht von 120.000 Mann in einem vier Jahre dauernden Guerilla-Krieg. Eine Reihe von entmutigten britischen Generälen konnte Lettow-Vorbeck nicht überwinden, der erst 12 Tage nach dem Waffenstillstand im November 1918 kapitulierte.

Rechts: General von Lettow-Vorbeck (Mitte rechts), der deutsche Befehlshaber in Ostafrika, entspannt sich bei einer oder zwei Flaschen Bols. Lettow-Vorbeck, ein Kommandant ersten Ranges, zog um den zahlenmäßig überlegenen Feind seine Kreise, in einem Feldzug, in dem das tropische, Krankheiten fördernde Klima den Großteil der beiderseitigen Opfer forderte.

Unten: Ein Bataillon nigerianischer Soldaten besteigt am 6. August 1914 in Lagos einen Zug. Sie spielten beim schnellen Sieg über die deutschen Streitkräfte in Togo und Kamerun eine gewisse Rolle.

Unten: Serbische Infanterie außerhalb Belgrads. Der serbische Einbruch in österreichisch-ungarisches Gebiet endete im Herbst 1915. Im Oktober griff Bulgarien Serbien an. Unter dem vereinigten Gewicht der österreichisch-ungarischen und der bulgarischen Offensive brach Serbien zusammen. Seine Armee suchte zuerst in Albanien, dann auf Korfu Zuflucht. Die Bulgaren besiegten die englisch-französische Streitmacht in Mazedonien und schlossen sie in Saloniki ein, wo sie später durch die serbischen Divisionen von Korfu, die Russen und die Italiener Unterstützung erhielt.

DIE ERSTEN PANZER

Unten: Keine perfekte Kriegswaffe. Ein aufgegebener britischer Tank bei der Arras-Offensive im Frühling 1917. Nur 60 Panzer standen für die Schlacht zur Verfügung, und die Bodenverhältnisse verhinderten, daß viele von ihnen in Aktion traten. Bis zum Kriegsende waren Tanks anfällig für mechanische Schäden, durch Artilleriefeuer verletzbar und zu langsam, um einen Durchbruch auszunützen. Die Deutschen mißtrauten den Panzern völlig und machten bis zum 24. April 1918 keinen ernsthaften Versuch, sie zu benützen. Dann verwendeten sie bei Villers Bettoneux gleich 13 Stück. Hier kam es zum ersten Panzergefecht, als drei britische Mk IV auf drei deutsche A7V trafen.

Im Oktober 1914 schlug der britische Kriegsberichterstatter Oberst Ernest Swinton vor, den aus der Vorkriegszeit stammenden Holt-Dampftraktor aus der Landwirtschaft einzusetzen, um Stacheldraht und zerklüfteten Boden zu überwinden.

Das Hauptquartier hatte kein Interesse, doch Swintons Pläne fanden bei Winston Churchill, dem Ersten Lord der Admiralität, Gehör. Im Herbst 1914 hatten gepanzerte Wagen, die in Nordfrankreich von britischen Marinefliegern eingesetzt wurden, einigen Erfolg, doch waren sie durch Gräben, die die Deutschen über die Straßen gezogen hatten, behindert worden. In die Arbeit der Admiralität an der Lösung dieses Problems fiel Swintons Vorschlag. Er führte im Februar 1915 zur Gründung des Admirality Landships Commitees (Komitees für die Landfahrzeuge der Admiralität).

Eine Reihe von Versuchen führte zu einem gepanzerten Prototyp, der als »Big Willie« bekannt wurde und Anfang 1916 in Hatfield Park erfolgreich getestet wurde. Kitchener lehnte »Big Willie« als ein »hübsches mechanisches Spielzeug« ab, doch Haig wollte die Maschinen – mit dem Decknamen »Tanks« – so bald wie möglich in Frankreich einsetzen. In größerer Anzahl wurden sie erstmals am 15. September 1916 während der Schlacht an der Somme eingesetzt, doch schickte man sie dort in unkoordinierter Weise vor. Erst im November 1917 wurden die Panzer bei Cambrai *en masse* erfolgreich eingesetzt.

Links: Noch ein Opfer der Schlacht von Arras. Am 20. November 1917 setzten die Briten erstmals eine große Menge Tanks ein. Nach einem blitzartigen Bombardement rissen 324 Kampfpanzer in einer speziellen Taktik ein 9,5-km-Loch in die Hindenburg-Linie. Doch einmal mehr wurde der Durchbruch nicht ausgenützt, und der Großteil des eroberten Gebiets ging bei einem heftigen deutschen Gegenangriff am 30. November wieder verloren.

Unten: Mk-V-Panzer und Männer der 5. australischen Division ziehen 1918 zum Angriff auf die Hindenburg-Linie. Die »männliche« Version des Mk V war mit einem kurzen 6-Pfünder-Geschütz und einem Hotchkiss-Maschinengewehr bestückt. Seine Höchstgeschwindigkeit betrug etwa 7 km/h.

SIE NANNTEN SIE PASSCHENDAELE

Auch als dritte Schlacht von Ypern bekannt, steht Passchendaele als Symbol für das offensichtlich sinnlose Gemetzel an der Westfront und den Eigensinn des britischen Oberbefehlshabers, Sir Douglas Haig.

Haig hatte aus dem Mißerfolg an der Somme 1916 nichts gelernt. Er plante eine rein britische Offensive an der Front bei Ypern, wollte nach Ostende vorstoßen, deutsche U-Boot-Stützpunkte einnehmen und die belgischen Bahnlinien unterbrechen, die als deutsche Verbindungslinien dienten. Haigs Aufklärerstab hatte Zweifel bezüglich des mit Wasser vollgesogenen Bodens, auf dem er kämpfen müßte, doch am 25. Juli informierte Haig das britische Kriegskabinett, daß alles bereit sei.

Unten: Eine 9,2-Zoll-Haubitze im November 1917 in Aktion. Die dritte Schlacht von Ypern bestand zwischen dem 31. Juli und dem 19. November 1918 aus acht separaten Versuchen, die Frontausbuchtung bei Ypern auszuweiten.
Siegfried Sasson schrieb über sie:
»Ich starb in der Hölle –
(sie nannten sie Passchendaele);
meine Wunde war unbedeutend,
und ich hinkte zurück, und dann barst
eine Granate genau auf dem Lattenrost; so fiel ich
in bodenlosen Schlamm und verlor das Licht.«

Unten: Infanterie sucht sich am 16. August ihren Weg durch die durchweichte Erde nahe dem Pilcken-Kamm. Strömender Regen und deutsche Gegenangriffe durch Schlammseen hindurch brachten die erste Phase der britischen Offensive zum Stillstand.

Die Deutschen waren vorgewarnt. Als der Angriff am 31. Juli begann, waren fast zwei Millionen Kämpfer in die Front von Ypern hineingezwängt. Haigs einleitendes Bombardement zerstörte das Entwässerungssystem des Gebietes, und seine Infanterie rückte im Sumpf vor. Der Angriff zog sich bis Anfang November hin, der Terraingewinn ließ sich in Hunderten von Metern messen, ehe er nur acht Kilometer von seinem Ausgangspunkt zum Stehen gebracht wurde. Jeder Kilometer hatte über 30.000 Opfer gekostet.

Unten: Australische Truppen beim Wald von Château. Im September und Anfang Oktober führte die meisterhaft eingesetzte britische Artillerie und die Energie der australischen und neuseeländischen Infanteristen zu bemerkenswerten Erfolgen. Dann setzten wieder Wolkenbrüche ein, verwandelten das Schlachtfeld in Matsch und erzwangen den Abbruch der Offensive.

DER MITTLERE OSTEN

Gallipoli war nicht das einzige Desaster der Briten im Krieg gegen die Türkei. Ende 1915 brachte hartnäckiger türkischer Widerstand den Vorstoß General Townshends nach Bagdad zum Stehen. 10.000 britische und indische Soldaten saßen in Kut-al-Amara in der Falle. Im April 1916 ergab er sich. Bagdad wurde erst im März 1917 eingenommen.

Mehr wurde in Palästina erreicht, wo General Allenby im April 1917 General Murray als Kommandant der britischen Streitkräfte ablöste. Allenbys Befehl lautete, »Jerusalem bis Weihnachten einzunehmen«. Er führte ihn pflichtgemäß aus, indem er die Heilige Stadt am 9. Dezember eroberte.

Im September 1918 erneuerte Allenby die Offensive gegen die 4., 7. und 8. türkische Armee, jede nicht größer als eine Division, die unter dem Kommando des deutschen Generals Liman von Sanders standen. Bei Megiddo gelang Allenby durch einen glänzenden Täuschungsplan, überwältigende Luftstreitkräfte und eine starke Kavallerie ein Sieg, der nicht nur umfassend, sondern auch ein seltenes Beispiel für Überraschung und Beweglichkeit in einem Krieg war, der von Stacheldraht und Maschinengewehren beherrscht wurde. Damaskus fiel am 10. Oktober, und die Türkei kapitulierte drei Wochen später.

Links: Irregulärer Krieger. Oberst T. E. Lawrence, der 1917/18 mit einer kleinen Gruppe anderer britischer Offiziere an der Seite der Araber gegen die Türken kämpfte. Lawrence stellte Überfalltrupps auf, die die Hejaz-Eisenbahn angriffen, so Medina isolierten und die Türken zwangen, 25.000 Mann abzustellen. Der arabische Aufstand legte den Grundstein für Allenbys Offensive im September 1918. Lawrence und seine arabischen Verbündeten drangen Ende des Monats in Damaskus ein.
Ein komplexer Charakter, zu Phantasien neigend, war Lawrence dennoch ein scharfsichtiger Theoretiker des Guerilla-Krieges. Er beschrieb seine Unternehmungen in »Die sieben Säulen der Weisheit«.

Oben: Britische Flugzeuge im Dezember 1917 auf einer Behelfslandebahn in Palästina. Die Luftmacht spielte auf dem Höhepunkt des Feldzugs im Mittleren Osten eine wichtige Rolle. Nachdem sie die Lufthoheit über die deutschen Geschwader erlangt hatten, bombardierte die Palästina-Brigade erst Kommunikationswege und Hauptquartiere und sodann die feindlichen Kolonnen. Die 7. und 8. türkische Armee steckte in Engpässen voller zertrümmerter Kanonen und Fahrzeuge und wurde systematisch vernichtet. Die unversehrte türkische 4. Armee wurde östlich des Jordans auf offenem Feld von den Bristol-Jägern der Brigade erwischt und schwer in Mitleidenschaft gezogen.

Rechts: General Allenby reitet im Dezember 1917 in Jerusalem ein.

DIE BEFEHLSHABER

Der Krieg brachte eine Reihe imposanter militärischer Gestalten hervor, doch war unter ihnen kein Kommandant ersten Ranges. Alle kämpften gegen zwei beachtliche Nachteile. Der Erste Weltkrieg war der erste Krieg, in dem die Kommandanten ihre Truppen nicht mit ihrer Stimme lenken konnten. Die Kommunikation brach beim Verlassen der Gräben zusammen. Die Kommandanten litten unter einem fatalen Mangel an beweglichen Truppenteilen. Die Kavallerie hatte sich schnell als unbrauchbar erwiesen, während der Panzer noch nicht jene Waffe geworden war, die 1940 den Kampf um Frankreich entscheiden sollte. Im größten Teil des Krieges war die Verteidigung mechanisiert, der Angriff aber nicht.

Auf deutscher Seite war die beherrschende Gestalt die Ludendorffs, des Siegers von Tannenberg. Er war 1917 an der Westfront weniger erfolgreich, obwohl seine Frühlingsoffensive 1918 fast Erfolg gehabt hätte. Auf niedrigerer Ebene führten die Mittelmächte ausgezeichnet kämpfende Generäle ins Feld, wie von Mackensen, den Eroberer Rumäniens, Liman von Sanders, den führenden Geist hinter der Verteidigung der Halbinsel Gallipoli 1915, und von Lettow-Vorbeck, dessen umsichtige Verteidigung Deutsch-Ostafrikas gegen eine überwältigende Übermacht ihm die Auszeichnung mit dem Verdienstorden einbrachte, als er zur Kapitulation gezwungen wurde.

Rechts: Die deutschen Kriegsherren Hindenburg und Ludendorff in passender abweisender Haltung. Ab 1916 waren sie die mächtigsten Männer Deutschlands, Symbole für die Übernahme der Leitung des Kriegs von den Politikern, die ihn begonnen hatten. Hindenburg war von 1925 bis 1934 Reichspräsident und ernannte im Januar 1933 Adolf Hitler zum Reichskanzler. Hitler wurde nach Hindenburgs Tod im August 1934 selbst Präsident. Ludendorff war in Hitlers fehlgeschlagenen Münchner Putsch von 1923 verwickelt, zerstritt sich aber später mit ihm.

Links: Pétain (links) und Joffre. Joffre blockierte 1914 die Ausgabe von Stahlhelmen an die französische Armee, weil er dachte, der Krieg werde nicht lange genug dauern, um eine Massenproduktion zu rechtfertigen. Joffre wurde im Dezember 1916 entlassen und wich in die obskure Rolle eines Beraters des Generalstabs aus. Pétain folgte dem in Ungnade gefallenen Nivelle als Kommandant der französischen Armee nach und wurde 1918 Marschall von Frankreich. Seine politische Karriere nach dem Krieg erreichte ihren unrühmlichen Höhepunkt, als er während der deutschen Besatzung im Zweiten Weltkrieg zum Führer der Vichy-Regierung wurde.

Unten: Haig und Foch 1919 in London. Foch, den Fürsprecher einer Offensive um jeden Preis, verband mit Haig, dem einsilbigen politischen Nahkämpfer, während Fochs Zeit als alliierter Oberkommandant 1918 ein Arbeitsklima des gegenseitigen Argwohns.

Bei den Franzosen half eher Joffres Unerschütterlichkeit als seine besonderen Fähigkeiten als Kommandant Frankreich durch die ersten Krisen des Kriegs. Pétain, der Held von Verdun, war ein Meister des Verteidigungskrieges und ein begeisterter Verfechter der Strategie, den Feind mit lokalen Angriffen zu zermürben. Im Gegensatz dazu hielt Foch, der im April 1918 zum alliierten Oberbefehlshaber ernannt worden war, an der Doktrin des bedingungslosen Angriffs fest, obwohl er umsichtig genug war, im Sommer 1918 die Anwendung einer weniger kostenintensiven Strategie gutzuheißen.

Sir Douglas Haig, der im Dezember 1915 French als britischer Oberbefehlshaber ablöste, war eine kühle Persönlichkeit, bei Versammlungen praktisch sprachlos, doch ein gewandter politischer Nahkämpfer, auf den König Georg V. hörte. In letzter Zeit gab es Versuche, Haigs Ansehen wiederherzustellen, doch bleibt die Tatsache, daß seine Führung von 1916 bis 1917 das britische Reich über 700.000 Opfer ohne erkennbare Wirkung kostete, bestehen. Sein Verbleiben im Amt erinnert an das britische Klagelied an der Westfront: *»Wir sind da, weil wir da sind, weil wir da sind«*. Haig war da, weil er da war und sich kein Besserer finden ließ, der ihn hätte ersetzen können.

REVOLUTION

Anfang 1917 hatten die Auflösung des Militärs und die riesigen Verluste, die es erlitten hatte, Rußland an den Rand des Zusammenbruchs geführt. Zur Kriegsmüdigkeit kam der Hunger in den russischen Städten hinzu.

Im März wurde aus Unruhen wegen Nahrungsmangels in St. Petersburg ein ausgedehnter Aufstand, der den Zaren zur Abdankung zwang. Im Juli wurde der charismatische Sozialist Alexander Kerenski Leiter einer Regierung, die den Krieg fortführen sollte. Doch die wirkliche Macht in den russischen Städten lag bei den Arbeiter- und Soldatenräten – den Sowjets.

Die Einnahme Rigas durch die Deutschen am 1. September zwang den russischen Riesen in die Knie. Tausende Soldaten warfen ihre Waffen weg und zogen nach Hause. Sie hatten »mit den Füßen abgestimmt«, wie es Lenin, der Führer der Bolschewiken, ausdrückte, der im April unter deutscher Duldung in einem versiegelten Zug nach Rußland zurückgekehrt war.

Unten: Der Anfang vom Ende. Eine Demonstration gegen den Krieg in St. Petersburg im Februar 1917. Im Jänner 1917 schrieb eine englische Krankenschwester, die in Rußland arbeitete: »Sabotage – die Eisenbahnen zerstört, die Werkstätten ausgeplündert. Ein Mob, der ‚Frieden und Brot‘ brüllt. Es ist ihnen klar, daß der Krieg die Wurzel ihrer Not darstellt. Der Zar will jeden zufriedenstellen und stellt niemanden zufrieden. Wir wundern uns über Kritik an der Regierung in den Zeitungen. Vor wenigen Monaten wären die Schreiber eingesperrt worden. Die Dinge können nicht mehr so weitergehen.«

Anders als Kerenski hatte Lenin kein Interesse daran, Deutschland zu besiegen oder die Demokratie in der Welt zu sichern. Als der schwankende Kerenski Anfang November gegen die Bolschewiken vorging, erstürmten deren Rote Garden den Winterpalast in St. Petersburg und nahmen die provisorische Regierung gefangen. Bald darauf nahmen die Bolschewiken in Brest-Litowsk Friedensverhandlungen mit Deutschland auf. Die deutschen Streitkräfte standen weniger als 160 km vor St. Petersburg, als die russischen Gesandten einen Friedensvertrag unterzeichneten, in dem sie Polen, Litauen, die Ukraine, die baltischen Provinzen und Transkaukasien aufgaben. Deutschland verlegte 40 Divisionen an die Westfront.

Links: Alexander Kerenski, der die Russen vergeblich zur Fortsetzung des Krieges gegen die Deutschen zu bewegen suchte.

Unten: Sie stimmten mit ihren Füßen ab. Soldaten gehen von der Front nach Hause, während die russische Armee unter dem Anprall der letzten großen deutschen Offensive an der Ostfront zerfällt.

DIE GEBURT DES BOMBERS

Im Mai 1917 hatte die deutsche Armee ihre Illusionen über Luftschiffe verloren und hatte den Gotha GIV entwickelt – einen Bomber, der Ziele in England erreichen konnte. Einem Überfall auf den Hafen Folkestone am 25. Mai 1917 folgten am 13. Juni und am 7. Juli zwei Angriffe auf London bei Tageslicht.

Die Überfälle entlarvten den Zustand der britischen Luftverteidigung, der rasch verbessert wurde und die Gothas bald zwang, in der Nacht zu bomben. Inzwischen bauten die Briten ihre eigene Bombertruppe auf. Im Frühling 1918 trat sie als Independent Force in Erscheinung. Sie war in Frankreich stationiert und sollte die deutsche Kriegsindustrie angreifen.

Die Hauptwaffe der Independent Force war der Handley Page 0/400 mit einer maximalen Bombenlast von 900 kg. Schlechtwetter und ihre taktische Rolle bei der Schlußoffensive der Alliierten führten dazu, daß die 0/400er nur einen Bruchteil ihrer Einsätze gegen deutsche Kriegsfabriken flogen. Gegen Kriegsende wurden Anstrengungen unternommen, die massive Handley Page V/500 für »Terrorangriffe« auf Berlin in Dienst zu nehmen, doch der riesige Doppeldecker flog nie Kampfeinsätze. Das Bomben änderte wenig am Kriegsverlauf, doch war binnen vier Jahren ein Grad der Verfeinerung erreicht, an den man 1914 nicht im Traum gedacht hätte. Damals hatten die Piloten noch Handgranaten aus den Cockpits ihrer Flugzeuge auf die feindlichen Formationen unter ihnen geworfen.

Unten: Eine Auswahl von Bomben wird vor einem deutschen Gotha-GIV-Bomber vorgeführt, einem Flugzeug, das für Überfälle auf England bestimmt war. Sein Nachfolger, die GV, hatte in 3.500 m Höhe eine Höchstgeschwindigkeit von ca. 160 km/h, konnte bis etwa 6.400 m emporsteigen, ihre Reichweite betrug 940 km, ihre Bombenlast bei Operationen über Südengland 420 kg. Ein ungewöhnlicher Zug der GIV und GV war der »Schwanzstachel«. Der Schütze hatte einen breiten Bodentunnel zur Verfügung, durch den er nach unten und hinten feuern konnte, sehr zum Mißvergnügen der Jäger der Luftverteidigung, die von dort aus angriffen.

Oben: Die Handley Page V/500, das größte britische Flugzeug des Ersten Weltkriegs, sollte Berlin bombardieren. Nur drei davon wurden vor dem Waffenstillstand ausgeliefert, insgesamt nur 35 produziert. Die V/500 hatte eine Spannweite von 38 m und wurde von vier 375-PS-Rolls-Royce-Motoren angetrieben, die paarweise zwischen den Flügeln saßen. Sie konnte auf kurzen Strecken 30 115-kg-Bomben oder eine 450-kg-Last tragen. Sie flog nie gegen Deutschland, doch eine Maschine wurde 1919 für Luftkontroll-Operationen an Indiens Nordwestfront eingesetzt.

Rechts: Britische Marineflieger zeigen, wie sie beim Angriff auf die Zeppelin-Halle bei Düsseldorf im September und Oktober 1914 vorgingen, ein frühes Beispiel für strategisches Bombardement. Die mit der Hand abgeworfenen Geschosse sind 20-Pfund-Hale-Bomben. Am 8. Oktober wurde die Zeppelin-Halle mit dem voll aufgeblasenen Luftschiff von einem Sopwith Tabloid, geflogen von Flugleutnant R. L. G. Marix, zerstört.

DIE ÜBERWINDUNG DES TOTEN PUNKTS

Mitten in einem Krieg die Militärdoktrin zu überholen, ist eine entmutigende Aufgabe, doch 1917 stellte sich die deutsche Armee dieser Herausforderung.

Im Winter 1916/17 übernahm das deutsche Oberkommando an der Westfront das Konzept der »elastischen Tiefenverteidigung«. Die Mannschaften an der Front wurden verringert, die Verteidigungsstellungen verstärkt und vertieft. Dies ermöglichte eine beweglichere Verteidigung und bot die Möglichkeit einer taktischen Gebietsaufgabe. Hinter diesen neuen Verteidigungsstellungen, der sogenannten Hindenburg-Linie, auf welche sich die Deutschen im Februar und März 1917 zurückzogen, waren auf Gegenangriffe spezialisierte Divisionen in Bereitschaft.

Neue Infanterietaktiken wurden entwickelt. Im Bewußtsein, daß Frontalangriffe in langen Reihen schrecklich viele Menschenleben vergeudeten, bildeten die Deutschen Sturm-

Unten und rechts: Deutsche Sturmtruppen 1918 an der Westfront. Sie wurden durch schnelles und genaues Artilleriefeuer unterstützt, das in einem orkanartigen Bombardement losgelassen wurde. Sie umgingen feindliche Stützpunkte und überließen es der nachfolgenden Infanterie, diese vom Feind zu säubern. Ziel war ein tiefes Eindringen in Feindesland. Für Mobilität sorgten auf Schlitten gezogene Maschinengewehre, von Pferden gezogene leichte Artillerie und auf Lastwagen montierte Spähballons für die Artillerie. Das Vorrücken wurde durch eine ausgeklügelte Serie von Lichtsignalen koordiniert. Die Sturmtruppen waren mit dem neuen leichten Bergmann-Maschinengewehr ausgerüstet, das 1917 eingeführt worden war.

truppen aus, die hinter einer rollenden Sperre in die feindlichen Linien eindringen und Stützpunkte umgehen sollten. Diese Taktik, verbunden mit dem Verzicht auf ein längeres Einleitungs-Bombardement, war an der Ostfront im September 1917 bei der Einnahme Rigas durch General Oskar von Hutier erfolgreich. Sie wurde auch im November beim deutschen Gegenangriff bei Cambrai eingesetzt und sollte in der Frühjahrsoffensive von 1918 eine wichtige Rolle spielen.

Rechts: Rückfall in den mittelalterlichen Belagerungskrieg – ein deutscher Flammenwerfer. 1900 in Berlin entwickelt, verwendete der Flammenwerfer Gasdruck, um entflammbares Öl bis zu 18 m weit auszuspeien. Die Waffe trat zuerst 1915 bei Ypern wirkungsvoll in Erscheinung, als sechs Flammenwerfer gegen eine Stellung eingesetzt wurden, die von Männern der 41. britischen Infanteriebrigade gehalten wurde.

LUDENDORFFS LETZTER COUP – 1

Ende März 1918 begannen die Deutschen ein Unternehmen, von dem sie hofften, daß es ein K.-o.-Schlag im Westen sein würde. Ludendorff stellte es so dar: *»Die Lage in Rußland und Italien ermöglicht im neuen Jahr einen Schlag an der Westfront. Unsere allgemeine Situation verlangt, daß wir im frühestmöglichen Augenblick zuschlagen, ehe die Amerikaner starke Kräfte in die Schlacht werfen können.«*

Das deutsche Oberkommando wollte einen Keil zwischen die Franzosen, die sich auf die Verteidigung von Paris konzentrierten, und die Briten treiben, die besorgt über ihre Schultern auf ihre Verbindung zu den Kanalhäfen schauten. Der Angriff mit Sturmtruppen als Speerspitze begann am 21. März bei dichtem Nebel. Der britische Befehlshaber Haig hatte die Offensive richtig vorhergesehen, jedoch die meisten seiner Reserven im Norden verteilt und die Sicherheit der 5. britischen Armee gefährdet – gegen die der deutsche Hauptschlag an der Somme gerichtet war –, um sich gegen die weniger wahrscheinliche Bedrohung der Kanalhäfen zu versichern.

Paris geriet am 23. März unter Artilleriebeschuß. Am 2. April mußte Haig der Ernennung des französischen Marschalls Foch zum allierten Oberbefehlshaber zustimmen. Eine Woche später, als der erste deutsche Schub an Dampf und Munition verlor, begann Ludendorff mit einem zweiten Schlag gegen die Briten in Flandern. Am 12. April erließ Haig seinen berühmten »Rücken-zur-Wand«-Befehl, der jeden Rückzug verbot.

Rechts: Sturmtruppen stürzen im März 1918 an einem gefallenen Franzosen vorbei. Zur Zeit der letzten großen deutschen Offensive hatten die Franzosen ihr Potential an Männern fast erschöpft; 100 Divisionen an der Westfront waren auf Infanterie-Mannschaftsbestände von 6.000 reduziert worden, die Hälfte der Zahl von 1914. Die Lage der Briten war noch schlimmer.

Rechts unten: Britische Verwundete werden im März 1918 während der Zweiten Schlacht an der Somme durch die Straßen von Saint Quentin nach hinten geführt. Der Schwung des deutschen Vorstoßes wurde durch Plünderungen und die Undisziplinierheit der Infanterie beträchtlich gebremst.

Unten: Ein deutscher Infanteriezug trainiert für die Ludendorff-Offensive im Februar 1918 bei Sedan.

LUDENDORFFS LETZTER COUP – 2

Ludendorffs zweiter Schlag brach fast den Widerstand der Briten. Doch Ende April wurden die Deutschen zum Stehen gebracht, was die britische Armee in 40 Tagen 239.793 Mann kostete. Die Deutschen hatten fast 348.000 Mann verloren, was Ludendorff schreiben ließ, daß seine Truppen *»entsetzt an einen neuen Stellungskampf dachten«.*

Nun begann Ludendorff eine Offensive in der Champagne gegen die 6. französische Armee. Sie begann am 27. Mai mit dem Sturm von 17 Divisionen auf den Kamm des Chemin des Dames im Aisne-Sektor – ein Ablenkungsmanöver, ehe der Schlußangriff die Briten treffen sollte. Die Deutschen brachen durch und befanden sich am 3. Juni nahe bei Château-Thierry wieder an der Marne, nur 90 km von Paris entfernt.

Doch da griffen die Amerikaner ein. General Pershing führte eilig die 2. und 3. US-Division an der Marne ins Feld, während 80 km nordwestlich, bei Cantigny, die 1. US-Division in die erste offensive Aktion der US-Armee in diesem Krieg geworfen wurde. Drei Tage lang blockierten die Amerikaner bei Château-Thierry den deutschen Vorstoß und gingen Mitte Juni gemeinsam mit den Franzosen zum Gegenangriff über, nachdem die Deutschen zum Stehen gebracht worden waren.

Rechts: Ein Befehl erreicht per Feldtelephon eine amerikanische Artillerie-Batterie bei Château-Thierry.

Unten: Immer bereit, doch selten benutzt. Britische Kavallerie rastet im Mai 1918 nahe Montreuil. Die Westfront hatte die Kavallerie in einen Anachronismus verwandelt. 1916 an der Somme und 1917 bei Arras hatten die deutschen Maschinengewehre Verwüstungen unter der Kavallerie angerichtet, als sie in den Angriff geführt wurden. Das Futter, das zur Haltung der britischen Kavallerie- und Transporttiere nötig war, wog mehr als die Munition. 1914 bis 1918 fraßen sich die Tiere durch 5,9 Millionen Tonnen hindurch, während nur 5,2 Millionen Tonnen Granaten und Kugeln über den Kanal kamen.

Jetzt holte Ludendorff zum Doppelschlag östlich und westlich von Reims aus, unterstützt von schwerer Artillerie. Im östlichen Sektor hatten die Franzosen einen taktischen Rückzug durchgeführt, und die Deutschen stießen ins Leere. Im Westen überquerten sie in einer 5 km langen Front die Marne, doch die deutsche Erschöpfung und Pläne für einen vernichtenden französischen Gegenschlag sollten dem deutschen Oberkommando alsbald die Initiative entreißen.

Oben: Männer der 1. US-Division, der »Großen Roten«, bei Cantigny, welches sie am 28. Mai einnahmen. Eine neue Kraft hatte das Feld betreten. So klein auch diese und andere amerikanische Erfolge, verglichen mit dem Gesamtbild, waren, sie bedeuteten für das deutsche Oberkommando die Schrift an der Wand. Es hatte seinen Wettlauf gegen die Zeit verloren.

DER SCHWARZE TAG DER DEUTSCHEN ARMEE

Am 24. Juli 1918 versammelte Foch die Oberbefehlshaber der Alliierten, Haig, Pétain und Pershing, in seinem Hauptquartier. Er teilte ihnen mit: *»Der Moment ist da, aus der Defensive zu gehen, die uns bisher durch Unterlegenheit aufgezwungen wurde, und zur Offensive überzugehen.«*

Der Schlag kam am 8. August. Wieder griffen die Briten an der Somme an, doch diesmal hatten sie ihre Vorbereitungen mit größter Sorgfalt geheimgehalten. Eingedenk der Lektionen von Cambrai vermieden Briten und Franzosen ein einleitendes Bombardement und stützten den Angriff mit 462 Panzern. Nebel verbarg den ersten Vorstoß, der in 24 Stunden 16 km tief in die deutschen Linien drang. Ludendorff schrieb: *»Der 8. August war der Schwarze Tag für die deutsche Armee in der Geschichte des Krieges.«* Die Deutschen fielen hinter die Hindenburg-Linie zurück, nachdem sie über 100.000 Mann verloren hatten.

Am 11. August bot Ludendorff dem Kaiser seinen Rücktritt an. Der lehnte ihn ab, bemerkte jedoch: *»Ich sehe, daß wir Bilanz ziehen müssen. Wir haben fast die Grenze unserer Widerstandsfähigkeit erreicht. Der Krieg muß beendet werden.«*

Rechts: Seaforth Highlander säubern im August 1918 einen deutschen Unterstand.

Unten: Die 13. australische Leichte Kavallerie reitet am 22. August, während der Säuberung der Zugänge zur Hindenburg-Linie, zur Front. Diese Operation kostete die Briten zwischen dem 8. August und dem 26. September 1918 190.000 Mann.

Oben: Strandgut des Krieges. Die Überreste der großen Tuchbörse von Ypern im September 1918.

SAINT-MIHIEL

Trotz der prophetischen Worte des Kaisers ging der Krieg weiter. Der Schlußangriff auf die Hindenburg-Linie begann Ende September nach einer einleitenden Operation gegen die Frontausbuchtung von St-Mihiel, die die Bewegungen der Alliierten in der Champagne seit 1914 bedroht hatte.

Foch, der alliierte Oberbefehlshaber, übertrug diese Aufgabe der 1. US-Armee Pershings. Es war die erste selbständige Aktion der Amerikaner in diesem Krieg. Am 12. September begann der Angriff gegen die beiden Seiten der Ausbuchtung, gekoppelt mit einem Angriff im Zentrum durch französische Truppen. Die Deutschen wurden beim gemächlichen Rückzug aus der Ausbuchtung erwischt und von den Amerikanern binnen 36 Stunden eingesackt.

Nach der Säuberung der St-Mihiel-Frontausbuchtung folgte die entscheidende alliierte Offensive des Krieges, deren Kernpunkt im Aufbrechen der Hindenburg-Linie durch einen Vorstoß von französischen und US-Truppen entlang des Meuse-Tales in Richtung Mézières und durch einen britischen Vorstoß östlich der Somme bestand. Mitte Oktober, nach schweren Kämpfen, bei denen die Amerikaner im Wald der Argonnen schwere Verluste erlitten, befand sich die deutsche Armee am Rande der Auflösung.

Rechts: Infanterie der 1. US-Armee greift in der ersten selbständigen Aktion, die General Pershing durchführte, deutsche Stellungen in der St-Mihiel-Frontausbuchtung an.

Oben: Eine Hupe warnt vor einem Gasangriff auf eine amerkanische Stellung. Die Amerikaner erlitten durch Gas 58.000 Opfer, fast die Hälfte davon durch Senfgas. Dessen Wirkungen zeigten sich erst bis zu 12 Stunden später. Dann begann es, den Körper innerlich und äußerlich zu zerstören, verursachte Blasen und Erbrechen und zersetzte die Schleimhaut in den Bronchien. Es konnte ein Monat bis zum Tod eines Mannes vergehen, der im qualvollen Todeskampf an sein Bett gefesselt war.

Rechts: Amerikanische Maschinengewehr-Schützen in der Argonne, einem rauhen, dichtbewaldeten Gebiet, in dem die Deutschen eine 22 km tiefe Verteidigungszone errichtet hatten. Die unerfahrenen Amerikaner erlitten in der Argonne schwere Verluste, ehe sie Anfang November in offenes Terrain ausbrachen.

DER DEUTSCHE ZUSAMMENBRUCH

Anfang Oktober 1918 war Deutschlands strategische Position in fataler Weise unterminiert. Einer nach dem anderen waren seine Verbündeten auf der Strecke geblieben. Am 25. September bat Bulgarien um Frieden. Die Türken waren in Palästina auf dem Rückzug. In Italien lag die österreichische Armee in den letzten Zügen. Am 27. Oktober gab Ludendorff auf.

In Deutschland forderten der Hunger und eine Grippe-Epidemie einen schweren Tribut. Im Hafen von Kiel meuterten 40.000 Marinesoldaten. Österreich und die Türkei unterzeichneten einen Waffenstillstand. Am 9. November ergriff eine sozialistische Regierung die Macht in Deutschland, und der Kaiser dankte ab. Seit der Nacht des 7. November verhandelte eine deutsche Abordnung mit Foch in dessen Hauptquartier in einem Eisenbahnwaggon in Compiègne. Sie hatte Anweisung, allen Bedingungen zuzustimmen. Als sie Foch fragten, was seine Bedingungen für den Frieden seien, antwortete er: *»Keine.«* Die Deutschen sagten, daß sie nicht weiterkämpfen konnten. Foch erwiderte: *»Dann sind Sie also gekommen, um zu kapitulieren.«*

Im Morgengrauen des 11. November ging eine Botschaft an alle alliierten Armeen. Sie begann: *»Die Feindseligkeiten sind heute, am 11. November, um 11 Uhr beendet.«* Die Kanonen sollten schweigen. Zunächst konnten sich die Männer an der Front nicht an die Stille rings um ihre Stellungen gewöhnen. Nach vier Jahren Krieg war es unheimlich, kein Kanonendonnern mehr zu hören. Erst später kam die Erleichterung, dann der Jubel.

Unten: Das Antlitz der Niederlage. Deutsche Kriegsgefangene 1918. Zum Zeitpunkt des Waffenstillstands, am 11. November, war die deutsche Armee ungeschlagen, doch der politische Wille zur Fortsetzung des Krieges hatte sich aufgelöst.

Rechts: Das Treffen in einem Eisenbahnwaggon, in dem der Waffenstillstand, der den Krieg beendete, unterzeichnet wurde. Im Juni 1940 zwang Adolf Hitler die besiegten Franzosen, im selben Waggon einen Waffenstillstand zu unterzeichnen.

Links: Anhänger der neuen sozialistischen Regierung Deutschlands am 9. November 1918 am Brandenburger Tor in Berlin.

NACHSPIEL – 1

Im Sommer 1918 besetzte Deutschland weite Gebiete Westrußlands, ein Drittel von seinen landwirtschaftlichen Flächen und mehr als die Hälfte seiner Industriegebiete. Mit seinen bulgarischen und österreichischen Trabanten dominierte es den Balkan. Im Westen standen deutsche Armeen 80 km vor Paris, nachdem sie das Gebiet, um das sie mit Frankreich seit der ersten Schlacht gekämpft hatten, zurückerobert hatten.

Fünf Monate später war der Krieg nicht von den Deutschen, sondern von den Briten, Franzosen und Amerikanern gewonnen worden. Die deutsche Armee, die im Feld unbesiegt war und noch immer über 200 Divisionen zählte, hatte sich selbst wirkungsvoll demobilisiert und marschierte nach Hause.

Das Gefühl, einen »Dolchstoß in den Rücken« erhalten zu haben, wurde verstärkt, als die Alliierten im Januar 1919 in Versailles die Landkarte Europas neu entwarfen, was durch den Zusammenbruch des russischen, österreichisch-ungarischen und Osmanischen Reiches nötig wurde.

Unten: Die Großen Vier in Versailles: Italiens Premier Orlando, David Lloyd George, der französische Premierminister Clemenceau und der US-Präsident Woodrow Wilson. Eigentlich handelte es sich um die Großen Drei, da Orlando auf die Nebenthemen der Diskussion beschränkt blieb und nur gelegentlich die Interessen Italiens ins Spiel brachte.

Bis zur Konferenz von Versailles schwebte Unklarheit über den Siegen der Alliierten. Auch sie rüsteten jetzt ab. Obwohl Deutschland niedergestreckt und seine bloße Existenz durch die Revolution zweifelhaft war, konnte es sich jederzeit wieder erheben. Vor allem für die Franzosen war die Neutralisierung des deutschen Potentials durch politische und wirtschaftliche Maßnahmen die Voraussetzung für dauerhaften Frieden. Während die Deutschen die Bedingungen berieten, die ihnen am 16. Juni präsentiert worden waren, blieben die Alliierten bereit, den Krieg wiederaufzunehmen, und die Seeblockade gegen Deutschland blieb aufrecht.

Unten: Britische Infanterie hebt am 12. November 1918 ihre Helme auf den Frieden.

Unten: Die deutsche Flotte kapituliert. Das Schlachtschiff *Friedrich der Große* fährt am 21. November 1918 beim britischen Marinestützpunkt Scapa Flow in die Internierung. Die Kriegsschiffe der Hochseeflotte versenkten sich später auf Befehl ihrer Kommandanten selbst.

NACHSPIEL – 2

Der Vertrag von Versailles wurde am 28. Juni unterzeichnet. Die deutschen Streitkräfte und ihre Bewaffnung wurden eng begrenzt. Deutschland verlor alle Kolonien und große Gebiete in Europa. Frankreich bekam Elsaß-Lothringen, die Polen Teile Posens und Westpreußens. Danzig wurde Freistaat, und Volksabstimmungen sollten die Zukunft von Oberschlesien und dem Saarland (das zuvor 15 Jahre lang unter internationaler Verwaltung stand) entscheiden. Die Franzosen kontrollierten die Kohlenminen im Saarland als Ausgleich für die Zerstörung ihrer eigenen Minen in Nordostfrankreich.

Das Ostufer des Rheins wurde in einer Breite von etwa 50 km entmilitarisiert und 15 Jahre lang von den Alliierten auf deutsche Kosten besetzt. Deutschland hatte ferner für die Kriegsschäden Reparationen in Höhe von 132 Milliarden Goldmark zu leisten, eine Summe, die 1921 von einem Reparations-Komitee festgesetzt wurde.

Mit dem Vertrag mit Deutschland war die Aufgabe der Konferenz von Versailles weitgehend abgeschlossen, doch wurde sie noch 12 Monate lang fortgesetzt, um die Grenzen der Staaten festzulegen, die aus dem Zusammenbruch von Österreich-Ungarn hervorgingen, und die Verwaltung großer Teile des Osmanischen Reiches im Mittleren Osten zu bestimmen.

Unten: Die Titelseite des Londoner Evening Standard berichtet vom Verlauf des Tages des Waffenstillstands. Eine Anzeige am rechten unteren Rand preist die Vorzüge der neuen Zahlungsart mit Scheck, die während der Kriegsjahre zur üblichen Transaktionsform geworden war.

Fight INFLUENZA with BRAND'S ESSENCE OF BEEF
Of all Chemists and Stores.

LATE NIGHT SPECIAL

Evening Standard

No. 29,428. LONDON, MONDAY, NOVEMBER 11, 1918. ONE PENNY.

Sell your Waste Paper to Lendrum's
HELP MUNITIONS AND THE NATION'S COMMERCE.
LENDRUM Ltd., 2, Temple Avenue, London, E.C.4
Telephone: Central 2702.
Best Prices Given. Prompt Collection.

END OF THE WAR

GERMANY SIGNS OUR TERMS & FIGHTING STOPPED AT 11 O'CLOCK TO-DAY.

ALLIES TRIUMPHANT.

FOCH AND LLOYD GEORGE TELL NEWS THAT SENT THE WORLD REJOICING.

BRITISH BACK AT MONS!

The following historic announcement, which means that the world war has come to an end at last, was issued by Mr. Lloyd George to the nation at 10.20 this morning:—

"THE ARMISTICE WAS SIGNED AT 5 a.m. THIS MORNING, AND HOSTILITIES ARE TO CEASE ON ALL FRONTS AT 11 a.m. TO-DAY."

The following message was sent out to-day through the wireless stations of the French Government.

"Marshal Foch to Commanders-in-Chief.

"Hostilities will cease on the whole front as from November 11th at 11 o'clock (French time).

"The Allied troops will not, until a further order, go beyond the line reached on that date and at that hour.

(Signed) MARSHAL FOCH.

The armistice negotiations opened on Friday morning, when the Germans were given until 11 a.m. to-day to accept or reject the Allied terms.

The signing of the terms of course means the end of the war, as the safeguards are such that it will be impossible for Germany to renew the struggle.

FULL ARMISTICE TERMS

EVACUATION TO THE RHINE AND BRIDGEHEADS FOR ALLIES.

U-BOATS TO SURRENDER.

GUNS HANDED OVER AND BATTLE SHIPS DISARMED.

REPATRIATING PRISONERS.

The terms of the armistice signed by the German plenipotentiaries were read in the House of Commons this afternoon by Mr. Lloyd George.

The armistice terms include evacuation of invaded territories, Belgium, France, Alsace-Lorraine, Luxembourg, to be completed within 14 days. Railways of Alsace-Lorraine to be handed over.

German troops who have not left these territories within 14 days to be treated as prisoners of war. The occupation by the Allied and United States forces will keep pace with the evacuation.

The evacuation by the enemy of Rhine lands must be completed within 16 days.

Immediate repatriation without reciprocity of Allied and United States prisoners.

All German troops in Russia, Rumania, and elsewhere to be withdrawn. Complete abandonment of the treaties of Bukharest and Brest-Litovsk.

Immediate cessation of all hostilities at sea. Handing over to Allies and United States of all submarines.

The surrender by the German Government of the following equipment:— 5000 guns, of which 2500 will be heavy and 2500 field guns, 30,000 machine-guns, and a large number of trench-mortars.

Six battle cruisers, ten battleships, eight light cruisers, 50 destroyers, and other services are to be disarmed, and the Allies reserve the right to occupy Heligoland to enable them to enforce the terms of the armistice.

AT THE PALACE.

TERRIFIC OVATION FOR THE KING AND QUEEN.

Wonderful scenes of rejoicing were witnessed outside Buckingham Palace. As soon as the news became generally known in the West End thousands of people flocked towards Buckingham Palace, and cheered for a considerable time.

Hordes of children occupied the Victoria Statue, and the cheering was borne down the Mall. Soldiers passing on military motors joined in the glorification, people in taxicabs stood up and waved, and the Guards Band broke out into the strains of "Land of Hope and Glory." They had only got through the second verse when the music stopped, and from one of the main windows emerged the King and Queen, accompanied by Princess Mary and the Duke of Connaught. They faced the multitude from the balcony.

The appearance of the Royal party sent the crowd wild with enthusiasm. As the band played the National Anthem the King saluted solemnly, but when the strains of "Rule, Britannia," rang out his Majesty raised his naval cap and waved it enthusiastically. This led to a further demonstration on the part of the crowd.

Three thunderous cheers were given for Lloyd George, and immediately following considerable merriment was caused by the roar of an old seaman, "Poor old Tirps. We have finished his whiskers."

During the demonstration the Queen frequently waved her handkerchief in expression of her warm sympathy with the joy of the crowd.

Addressing from the balcony of the Palace the vast crowd, the King said:—

"With you I rejoice and thank God for the victories which the Allied armies have won and brought hostilities to an end and peace within sight."

When the guns commenced to fire there was renewed cheering and flag-waving, while a party of munition girls formed themselves into a ring and danced and sang in joyous holiday mood.

At 12.20 the massed bands of the Guards assembled in the forecourt, and played the patriotic airs and other bright selections, to the great delight of the tremendous crowd assembled outside the Palace.

PEACE IN BRIEF.

BRITISH RECAPTURED MONS BEFORE THE FIGHTING STOPPED!

Armistice signed 5 a.m. to-day.

Hostilities ceased at 11 a.m.

British recaptured Mons this morning, and thus ended the war where our "Old Contemptibles" began it for us.

Erzberger evidently signed the armistice at Foch's G.H.Q. for the Germans.

German armies must evacuate to the east bank of the Rhine in 31 days.

London's lights are to go up to-night (full details on another page).

BACK TO THE RHINE.

One of the armistice terms is the withdrawal of the German armies to the east bank of the Rhine. The following table of distances will be of interest therefore:—

Towns.	Front.	Miles.
Ghent	Belgian	140
Mons	British	148
Maubeuge	British	155
Mezieres	French	162
Stenay	American	150
Alsace	American	20

ENVOYS RETURNING.

The German Plenipotentiaries are returning to Spa to-day.

THE ORDER OF GOING.

Armistices have been signed as follows:

Bulgaria	**Sept. 29, 1918**
Turkey	**Oct. 30, 1918**
Austria-Hungary	**Nov. 3, 1918**
Germany	**Nov. 11, 1918**

BREST-LITOVSK TREATY ABANDONED.

By Our Parliamentary Representatives.

HOUSE OF COMMONS, Monday.

There are large crowds in Palace Yard outside the Houses of Parliament. Mr. Lloyd George arrived in a motorcar, accompanied by Mrs. Lloyd George and Mr. Bonar Law, Sir Eric Geddes following behind in another motorcar. The two cars were preceded by a mounted policeman, who made a way through the cheering crowds.

When the Prime Minister entered the House he was greeted by his colleagues with tumultuous cheering. Immediately at the conclusion of prayers the Prime Minister was called upon by the Speaker.

Mr. Lloyd George said: The armistice, as has already been announced in the Press, was signed this morning at 5 o'clock, after a discussion which was prolonged all night. I will read to the House of Commons the conditions of the armistice, in so far as they have reached me up to the present.

I have to warn the House and the public that we only received such corrections as were rendered necessary by the new conditions by telephone, and there is a possibility that there may be a few mistakes, but substantially this represents the conditions which Germany has accepted.

CLAUSES RELATING TO THE WFSTERN FRONT.

Cessation of hostilities by land and in the air six hours after the signature of the armistice.

Mr. Lloyd George remarked that the armistice was signed at 5 o'clock in the morning, and the war ceased at 11 o'clock this morning.

Immediate evacuation of invaded territories,

(Continued on Page 8.)

Der Konflikt von 1914 bis 1918 war augenscheinlich ein Krieg, der allen Kriegen ein Ende machen sollte. Das Werkzeug, das neue Kriege verhindern und den Frieden sichern sollte, war der Völkerbund, dessen Bildung der letzte der »14 Punkte« Präsident Wilsons war. Doch von Anfang an krankte der Völkerbund am fehlenden Beitritt der Vereinigten Staaten.

Marschall Foch, der alliierte Oberbefehlshaber von 1918, war überzeugt, daß sich Deutschland wieder erheben würde. Er boykottierte die Unterzeichnung des Versailler Vertrages und bemerkte ziemlich zutreffend: *»Dies ist kein Friede. Es ist ein Waffenstillstand für 20 Jahre.«*

Unten: Kriegsmüll. Ein Haufen deutscher Stahlhelme wartet auf seine Vernichtung.

Unten: Waffenstillstandsfeiern in London am 11. November 1918. Winston Churchill erinnerte sich: » ... Ich sah auf die Straße. Sie war leer. Dann kamen von allen Seiten Männer und Frauen. Glocken läuteten. Tausende stürzten wie wild herbei, schreiend, kreischend. Fahnen erschienen ... Londons Straßen glichen einem Hexenkessel.«

DIE VERLUSTE

Die Menschenleben, die der Krieg forderte, lassen sich unmöglich schätzen. Am meisten litten die Russen, die schon 3 Millionen Tote*) zu beklagen hatten, ehe noch die Verheerungen des Hungers und des Bürgerkrieges ihren Tribut forderten. Das österreichisch-ungarische Reich beklagte mindestens 1,2 Millionen Tote und 3,6 Millionen Verwundete, doch sind diese Angaben fast sicher zu niedrig. Auch die deutschen Zahlen sind unsicher. Nach eigener Schätzung hatten sie 1,9 Millionen Tote und 4,3 Millionen Verwundete. Die Franzosen hatten insgesamt 5 Millionen Kriegsopfer, davon 1,4 Millionen tot oder vermißt. Das Britische Empire beklagte 3,2 Millionen Opfer, davon fast eine Million tot oder vermißt. 745.000 davon kamen aus Großbritannien. Im Kampf an einer einzigen schmalen Front (mit Ausnahme kleiner Kontingente in Saloniki und Frankreich) beklagten die Italiener 460.000 Tote. Das ist fast genau die Hälfte der Toten des britischen Reichs an allen Fronten. Die Türken schätzten ihre Verluste auf 2,3 Millionen, während die USA 326.000 Opfer beklagten, davon 116.000 tot, 206.000 verwundet und 4.500 gefangen oder vermißt.

Unten: Die Straße nach Chepilly, mit den Leichen von in den Kämpfen des August 1918 getöteten Männern. Der amerikanische Dichter Ezra Pound verfaßte für sie und für die Überlebenden einen Epitaph:

Tot, einige pro patria
nicht »dulce«, nicht »et decor« ...
Das Auge wanderte tief in die Hölle,
glaubte die Lügen alter Männer,
kam heim dann
ungläubig, heim zu einer Lüge,
heim zu vielen Täuschungen,
heim zu alten Lügen und neuer Niedertracht.

*) Zahlenangaben nach *The First World War* von John Terraine (Leo Cooper, 1983).

II. WELTKRIEG

in Wort und Bild

Oben: Britische Infanterie im Einsatz bei der zweiten Schlacht von El Alamein.

Bildnachweis
II. Weltkrieg

Bildrecherchen: Books Krikler Research

Karten: HardLines

Bilder zur Verfügung gestellt von:

Hulton-Deutsch Collection:
Seiten 119 oben, 120/121, 121 oben, 122, 123 unten, 124 oben, 125 oben, 126, 127 unten, 129 oben, 129 rechts, 133 unten, 135, 140 unten, 142, 143, 145 unten, 146, 164, 165 oben, 168/169, 169 oben, 171 unten, 172, 173, 175, 176, 177 unten, 178, 179, 183 unten, 185 oben, 185 rechts, 188, 189 oben, 191, 194 oben, 196 unten, 198, 199 oben, 204, 205, 207 rechts.

Novosti Picture Library (London):
Seiten 114/115, 137 unten, 138, 139 unten, 152 oben, 153, 154, 155, 180, 181, 195 unten, 196/197, 197, 207 oben.

Solution Pictures:
Seiten 118, 119 unten, 171 oben, 184/185.

E. T. Archive:
Seiten 121 rechts, 123 oben, 124 unten, 125 unten, 127 oben, 128/129, 130, 131, 132, 133 oben, 133 rechts, 134, 139 oben, 140 unten, 144/145, 145 oben, 152 unten, 156, 158 oben, 162, 163, 165 unten, 170, 174, 182, 183 rechts, 186, 190, 200, 201, 202, 203 unten, 208.

Imperial War Museum:
Seiten 113, 136, 137 oben, 148, 149, 150, 151, 160, 161, 177 oben, 177 links, 192, 193, 194 unten, 195 oben, 195 links.

Jerry Goldie:
Seiten 141, 157, 158 unten, 159 rechts, 169 unten, 183 oben, 187, 189 unten, 203 oben.

Frank Spooner:
Seiten 146/147, 159 unten, 199 unten, 206, 207 unten.

Kobal Collection:
Seite 167 unten.

Crown Film Unit: Seite 166 oben; **Two Cities Films:** Seite 166 unten; **Gainsborough Films:** Seite 167 unten; alle mit Genehmigung von Kobal Collection.

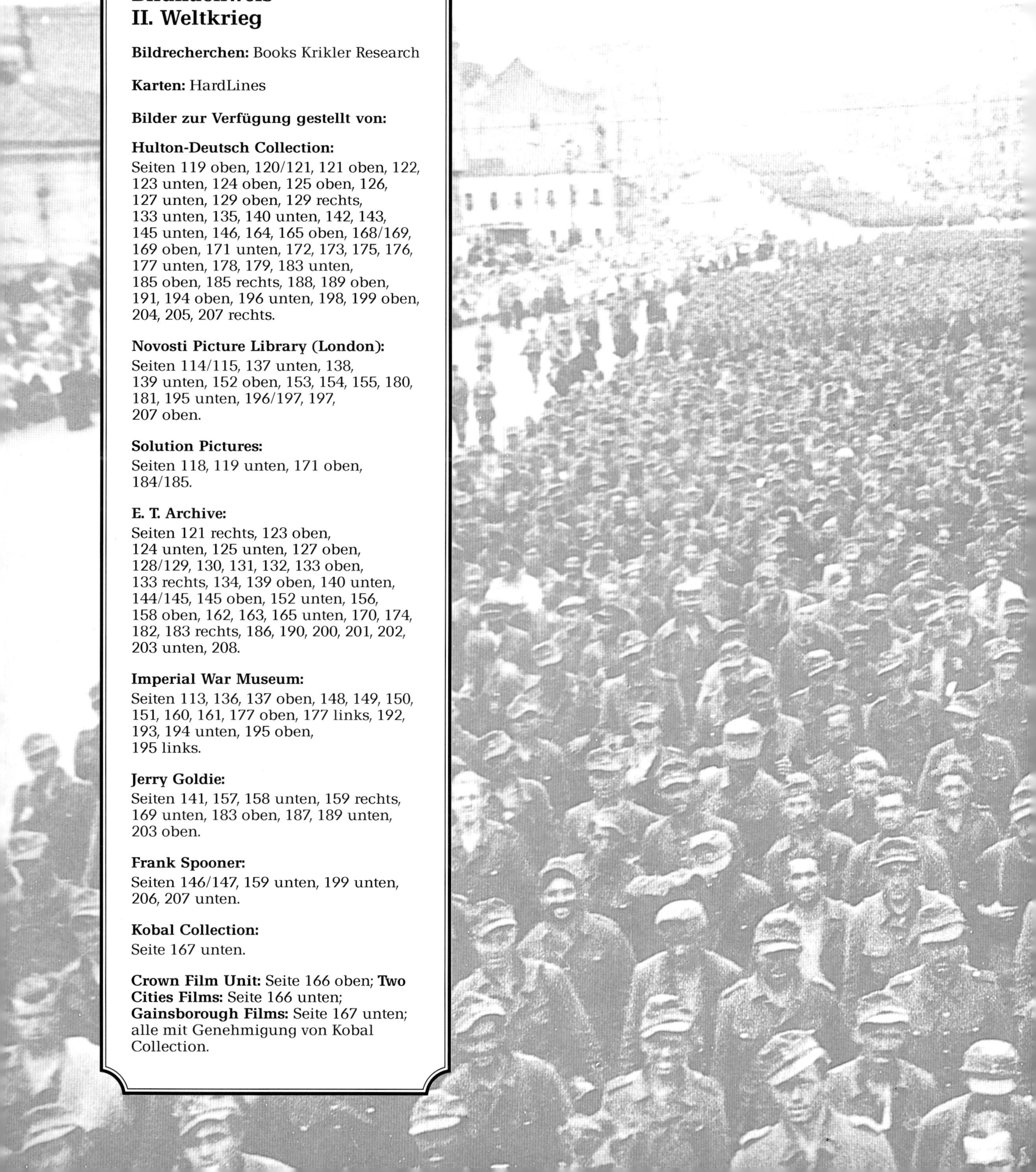

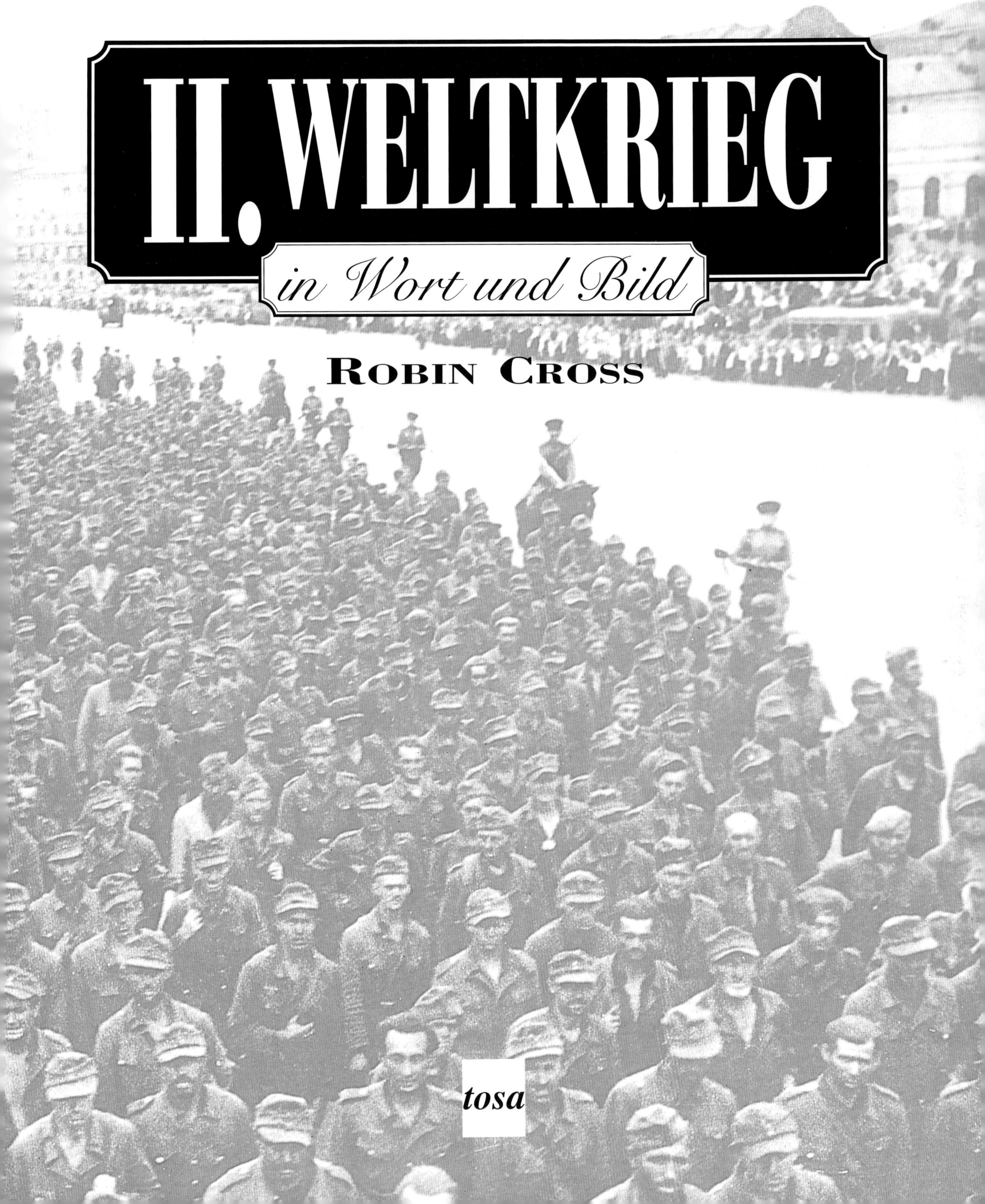

II. WELTKRIEG

in Wort und Bild

ROBIN CROSS

tosa

Amerikanische Verbände
Japanische Luftangriffe
Amerikanischer Vorstoß 1943-1945
Britischer Vorstoß 1944-1945
Russische Invasion in der Mandschurei im August 1945
Japanisch besetztes Gebiet im August 1945

INHALT

DER WEG IN DEN KRIEG – 1

Der Zweite Weltkrieg war die letzte große Schlacht des Krieges von 1914–1918. Die deutsche Niederlage von 1918, während die Armee noch im Feld stand, die Reparationen und die Gebietsverluste, die der Vertrag von Versailles festlegte, hinterließen ein dauerndes Gefühl der Bitterkeit. Agitatoren wie der Ex-Soldat Adolf Hitler, der Führer der neuen Nationalsozialistischen Partei, bauten auf diesem Gefühl des Verrats auf. Hitlers Meinung über den Vertrag war einfach: *»Nur Narren, Lügner und Verbrecher konnten auf Gnade durch den Feind hoffen ... In mir wuchs der Haß auf jene, die für die Toten verantwortlich waren.«* Seine politische Laufbahn widmete er der Aufhebung des Vertrags von Versailles und der Wiederherstellung der deutschen Weltmachtstellung.

Nach dem Scheitern seines Münchner Putsches im November 1923 und seiner Inhaftierung verfolgte Hitler einen verfassungsmäßigen Weg zur Macht und wurde im Jänner 1933 deutscher Kanzler. Ein Jahr später ernannte er sich zum Führer des Deutschen Reichs und Oberbefehlshaber der Streitkräfte,

Unten: Ein Invalide der Schützengräben bettelt im Jahr 1923, dem Jahr, in dem Hitlers Putschversuch fehlschlug, in Berlin auf der Straße. In den unmittelbaren Nachkriegsjahren wurde Deutschland von bitterer Ernüchterung, rasender Inflation und zunehmenden Kämpfen zwischen den Privatarmeen der Kommunisten und extremen Rechten zermürbt.

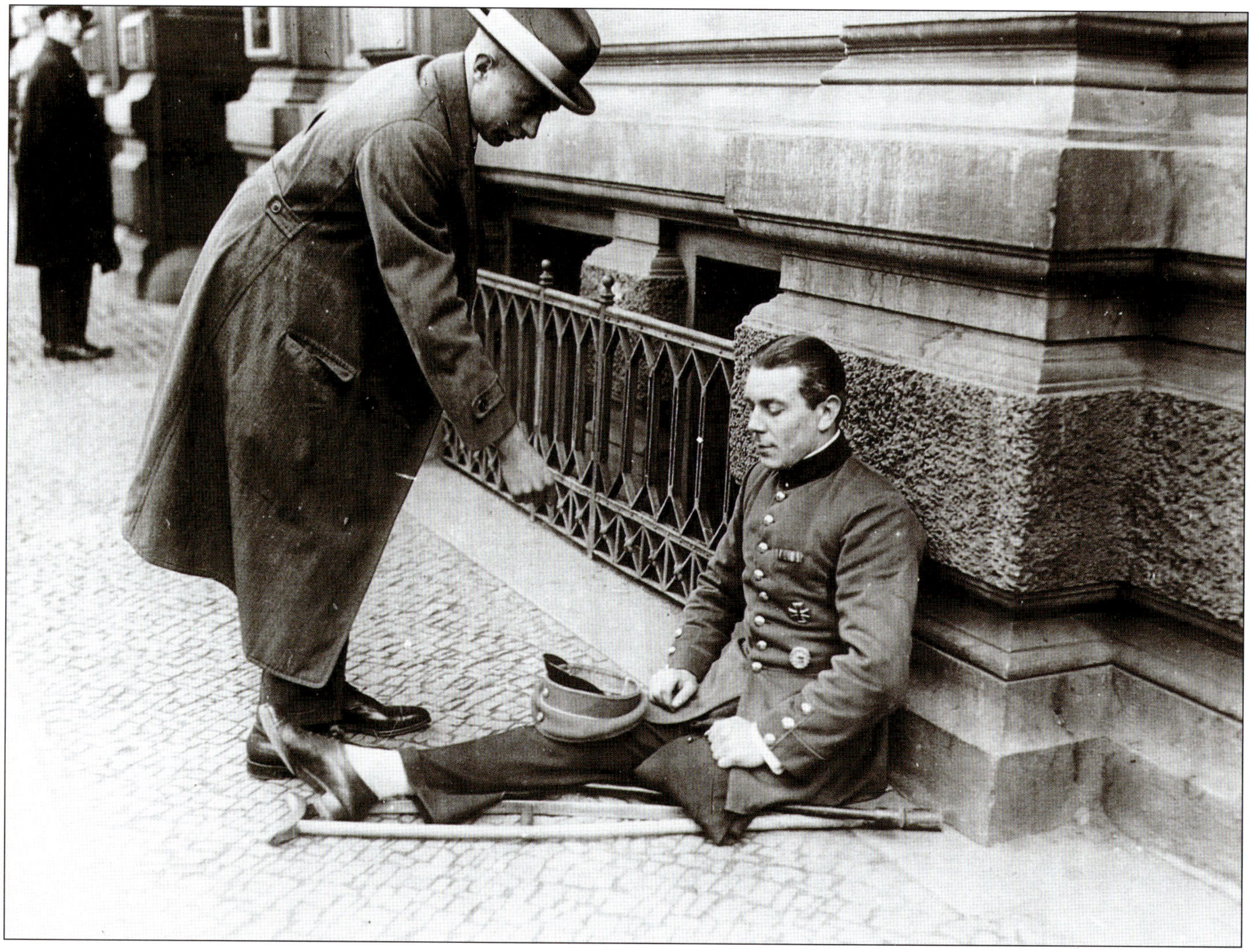

die er mit einem persönlichen Treueeid an sich band.

Das beeindruckende Wachstum der deutschen Wirtschaft in den Dreißigern – erreicht durch eine waghalsige Schuldenpolitik – begünstigte Hitlers Wiederaufrüstung, die zunächst heimlich erfolgte, am 16. März 1935 aber vor aller Welt verkündet wurde. Geschickte Propaganda überspielte die grundlegende Schwäche der rasch wachsenden deutschen Streitkräfte, die meist überschätzt wurden.

Unten: Ein Lastwagen voll Truppen rollt während des Kapp-Putsches im März 1920 über den Potsdamer Platz in Berlin. Dieser Versuch, die Macht in der Weimarer Republik zu ergreifen, wurde von einem gewissen Teil der Armee unterstützt. In dieser Zeit der chronischen politischen und wirtschaftlichen Instabilität trat Hitler als Führer der Nationalsozialistischen Deutschen Arbeiterpartei (NSDAP) in Erscheinung.

Rechts: Die Macht der Augen. Adolf Hitler, hier unbehaglich im Straßenanzug, trainiert seinen fesselnden Stil mit Hilfe der Kamera seines persönlichen Photographen Heinrich Hoffmann, eines biederen Bayern, der zu seinem inoffiziellen Hofnarren wurde.

DER WEG IN DEN KRIEG – 2

Kriegsdrohungen waren die treibende Kraft hinter Hitlers Außenpolitik in den Dreißigerjahren. Er nützte geschickt den Wunsch nach Frieden in Frankreich und England und die Angst ihrer Regierungen vor einem noch schrecklicheren Blutvergießen als dem von 1914 bis1918 sowie ihre Unfähigkeit, ein Bündnis mit der Sowjetunion zu schließen.

Im März 1936 besetzte er gegen den Rat seiner erfahrenen Feldherren das entmilitarisierte Rheinland. England und Frankreich reagierten nicht, und Hitler ließ sich auf eine immer aggressivere Außenpolitik ein. Er sandte General Franco »Freiwillige« und Material, um ihre Kampfkraft im spanischen Bürgerkrieg zu erproben. Im März 1938 besetzte Hitler Österreich. Als nächstes kam die Tschechoslowakei an die Reihe. Im September 1938 manövrierte er England und Frankreich in Godesberg und München aus, um die Kontrolle über das Sudetenland und die dortige deutsche Bevölkerung zu erlangen. Im März 1939 wurde der Rest der Tschechoslowakei geschluckt.

Unten: Der Einzug der Fahnen bei der jährlichen Versammlung der NSDAP in Nürnberg, die immer im September abgehalten wurde. Das Treffen verband eindrucksvolle Demonstrationen der wachsenden deutschen Militärmacht mit der geschickten Manipulation der Massen. Im großen Nürnberger Stadion, das 1936 die Olympischen Spiele beherbergte, boten Tausende perfekt gedrillte Formationen, Flugzeugstaffeln, Fackelzüge und Lichtdome einen überwältigenden Eindruck von nationaler Kraft, Einheit und Zielstrebigkeit.

Links: Sei bereit. Eine alptraumhafte Vision der Zukunft, in der 1937 britische Postbeamte an einer Anti-Gas-Übung teilnehmen. Während der Tschechoslowakei-Krise von 1938 wurden in England 38 Millionen Gasmasken an Männer, Frauen und Kinder verteilt. In den späten Dreißigern erwies sich die Angst vor dem Gas als berechtigt. 1935 hatte der italienische Diktator Benito Mussolini bei der Eroberung Äthiopiens chemische Waffen eingesetzt.

Im selben Monat wurde der litauische Hafen Memel mit seiner zahlreichen deutschen Bevölkerung an Deutschland abgetreten. Hierauf wandte sich Hitler dem Freihafen Danzig und dem polnischen Korridor zu, der Ostpreußen vom eigentlichen Deutschland trennte. Am 23. August sicherte er seine Ostflanke durch einen Nichtangriffspakt mit der Sowjetunion. Der Krieg ließ nur noch wenige Tage auf sich warten.

Rechts: Die ersten von nur wenigen. Das 19. Geschwader der Royal Air Force (R. A. F.) protzt im Sommer 1938 mit seinen neuen Supermarine-Spitfire-Jägern. Im Herbst dieses Jahres besaß das R.-A.-F.-Jäger-Kommando 573 veraltete Doppeldecker und nur 93 moderne Flugzeuge. Die deutsche Luftwaffe hatte den spanischen Bürgerkrieg dazu benützt, die Kampfkraft ihrer neuen Me109-Jäger, He111-Bomber und Ju87-Sturzbomber zu testen.

DIE INVASION IN POLEN

Noch vor Morgengrauen begann die deutsche Luftwaffe am 1. September mit dem Bombardement strategischer Punkte in Polen. Dies war die erste Demonstration der Schnelligkeit und Kraft der Blitzkrieg-Taktik. In den Dreißigern entwickelt, beruhte sie auf Vorstößen schwerbewaffneter Truppen, die von Sturzkampf-Bombern unterstützt wurden.

Die polnische Armee war auf sieben Stellen entlang der Grenze zerstreut, hatte wenig Reserve und erlaubte so eine leichte Umzingelung durch die Deutsche Heeresgruppe Süd, die an der polnischen Westfront angriff, und die Heeresgruppe Nord, die von Pommern und Ostpreußen nach Süden vorstieß.

Innerhalb von zwei Tagen beherrschte die Luftwaffe den gesamten Luftraum, und die polnischen Verteidigungslinien waren in unkoordinierte Gruppen aufgesplittert. Der Plan der Deutschen beruhte auf einer doppelten Zangenbewegung. Die innere Zange (4., 8. und 10. Armee) schloß den Korridor nahe Warschau, die äußere (3. und 14. Armee) schloß sich am Fluß Bug bei Brest-Litowsk, 160 Kilometer östlich der polnischen Hauptstadt.

SCHRITTE ZUM KRIEG

20. August: Start der Polen-Krise.

23. August: England warnt Deutschland, es werde im Fall eines Angriffs Polen beistehen. Deutsch-sowjetischer Nichtangriffspakt in Moskau unterzeichnet. Geheimzusatz über Teilung Polens und sowjetische Besetzung des Baltikums.

24. August: Britisches Parlament beschließt die Notstandsgesetze.

25. August: England und Polen: gegenseitiger Beistandspakt.

31. August: Hitler befiehlt den Angriff auf Polen.

2. September: Polens Verbündete England und Frankreich stellen Deutschland ein Ultimatum.

3. September: England und Frankreich erklären Deutschland den Krieg.

Oben: Die Grenze erstürmen. Deutsche Truppen montieren am 1. September 1939 einen polnischen Grenzbalken ab. Im Morgengrauen dieses Tages strömten die ersten von etwa einer Million Mann – in 41 Infanterie- und 14 Panzerdivisionen konzentriert – nach Polen. Die Polen hatten ebensoviel Infanterie, doch nur wenige Panzer.

Rechts oben: Tag des Sturzbombers. Junkers Ju87 (»Stukas«) über Polen. Ungestört herumstreifend, richteten die Stukas die polnische Infanterie und die Kavalleriekolonnen übel zu. Der furchtbare Ruf des Flugzeugs als Schlachtgewinner kaschierte seine relativ bescheidene Leistung: Höchstgeschwindigkeit von 420 km/h, maximale Bombenlast von 500 kg.

Rechts: Hitler nimmt der siegreichen deutschen Armee beim Marsch durch die Straßen Warschaus den Salut ab. Der lange polnische Alptraum begann. Polen sollte nicht nur beherrscht, sondern seine nationale Identität total zerstört werden. Es war zur Sklavennation bestimmt.

Die Umzingelung war am 14. September abgeschlossen. Drei Tage später besiegelte der Einmarsch der Roten Armee im Osten das Schicksal Polens. Warschau fiel am 27., die Festungsstadt Modlin am folgenden Tag. Der letzte polnische Widerstand in Kock südöstlich von Warschau gab am 5. Oktober auf. Die polnischen Verluste betrugen 66.000 Tote, 200.000 Verwundete und fast 700.000 Gefangene. Die deutschen Verluste waren dagegen gering – etwa 10.500 Tote und 30.300 Verwundete.

DER SCHEINKRIEG

Die Schnelligkeit der deutschen Operationen in Polen war eine Folge von Hitlers Angst, die Franzosen könnten im Westen einmarschieren. Doch Frankreich und seine britischen Verbündeten blieben zu seiner Freude völlig untätig.

Die 150.000 Mann des Britischen Expeditionskorps, die nach Frankreich übergesetzt waren, gruben sich an der belgischen Grenze ein, wo nichts los war. Als Premierminister Neville Chamberlain sie besuchte, fragte er verdrossen: »*Die Deutschen wollen nicht angreifen, wie?*« Der Kern der französischen Armee, etwa 43 Divisionen, stand passiv an der Maginot-Linie, dem Festungssystem an der Ostfront. Im September unternahmen sie eine kraftlose Demonstration im Saarland, besetzten einige verlassene Dörfer und zogen sich dann wieder zurück.

Der Krieg hatte etwas Unwirkliches. Die britische Luftwaffe warf Propaganda-Flugblätter statt Bomben über Deutschland ab. Der bittere Winter von 1939/40 war für die Besatzungen gefährlicher als die gegnerische Luftabwehr. In England erschien der »Scheinkrieg«, wie er genannt wurde, eher als Konflikt zwischen Beamten als zwischen Soldaten. Wer davon profitierte, war Adolf Hitler. Unbesorgt um die Blockade, auf die die Alliierten ihre Hoffnung setzten, gruppierte er nach dem Sieg in Polen um und plante seine Frühjahrsoffensive, die mit dem Einmarsch in Norwegen und Dänemark beginnen sollte.

Links: Der Schutzschild Frankreichs. Eine der riesigen Kanonen der Maginot-Linie, eingehüllt in Stahl und genau nach dem Grabensystem des Ersten Weltkriegs konzipiert. Benannt nach dem französischen Kriegsminister, der sie initiierte, sollte die Maginot-Linie Angreifer abschrecken. Sie sprach zugleich Bände über die defensive Mentalität der französischen Armee. Die entscheidende Schwäche der Linie war, daß sie über das neutrale Belgien umgangen werden konnte.

Oben: Dominosteine und Gasmasken im Anderson-Bunker einer Londoner Familie. Der Anderson-Bunker, eine Wellblechkonstruktion, die in Tausende Hintergärten eingelassen war, sollte während der Luftangriffe viele Leben retten. Er war nach dem britischen Innenminister von 1939 bis 1940, Sir John Anderson, benannt. Der Historiker Norman Longmate schrieb in Erinnerung an die Nächte im Anderson-Bunker: »Sich in einem Anderson-Bunker zu befinden war ein Gefühl, wie in einem kleinen, dunklen Fahrradschuppen, der nach Erde und Dunst roch, vergraben zu sein.«

Links: Abflug! Piloten des 87. Geschwaders der R. A. F., Teil des Britischen Expeditionskorps in Frankreich, laufen im März 1940 zu ihren Hurricanes. Bei seiner Indienstnahme im Herbst 1937 war der Hawker Hurricane der erste Jäger, der schneller als 480 km/h flog und mit acht Maschinengewehren bewaffnet war.

Rechts: Ende eines Ozeanlöwen. Der deutsche Westentaschenkreuzer *Graf Spee* in Flammen auf dem Rio de la Plata vor Montevideo, Uruguay, wo er nach schwerem Kampf gegen ein britisches Kreuzer-Geschwader Zuflucht gesucht hatte. Ehe er sie der Vernichtung durch die schwereren Einheiten der Royal Navy, die zum Rio dampften, aussetzte, befahl Hitler am 17. Dezember 1939 die Selbstversenkung der *Graf Spee*. Drei Tage später beging ihr Kommandant, Kapitän Hans Langsdorff, Selbstmord.

DER TRIUMPH DES BLITZKRIEGS

Norwegen war für Hitler von strategischer Bedeutung als Basis für den Luftangriff gegen England und gegen die britische Seeblockade, die die Route der Schiffe gefährdete, die das für Deutschland lebenswichtige Erz aus Schweden über den Hafen von Narvik im Norden Norwegens brachten.

Am 4. April 1940 verkündete Neville Chamberlain vertrauensvoll, daß *»Hitler den Bus verpaßt«* habe. Vier Tage später trafen britische auf deutsche Kriegsschiffe, die Truppentransporte zu den norwegischen Häfen Kristiansand, Stavanger, Bergen , Trondheim und Narvik begleiteten. Anstatt den Bus zu verpassen, marschierte Hitler in Norwegen ein.

Unten: Bomben fallen auf den norwegischen Hafen Narvik. Die Deutschen besetzten die Stadt am 9. April 1940. Eine Woche später landete in dieser Gegend eine britisch-französische Streitmacht, doch Narvik fiel nicht vor Ende Mai an die Alliierten. In zwei Seeschlachten vor Narvik im April zerstörte die Royal Navy die Hälfte der Zerstörer der deutschen Marine. Die Knappheit an Zerstörern sollte bei der Verhinderung der deutschen Invasion in Südengland im Sommer 1940 eine bedeutende Rolle spielen.

Oben: Vormarsch der deutschen Infanterie durch ein Gewirr von Fahrrädern in der Deckung eines Panzers. Der Himmel über ihr wurde von der deutschen Luftwaffe beherrscht, die den alliierten Truppen das Leben äußerst schwer machte.

Rechts: Die Besatzer kommen. Deutsche Truppen gehen im Mai 1940 in Oslo an Land. Der frühere Kriegsminister Vidkun Quisling, dessen Name später zum Synonym für Verrat wurde, ernannte sich im April zum Premier einer pro-deutschen Regierung, doch die Macht lag bei Reichskommissar Josef Terboven, der Hitler direkt berichtete. Norwegens Regierung und König Haakon VII. waren nach London geflohen.

Nur bei Oslo trafen die Deutschen auf ernsthaften Widerstand. Der Kreuzer *Blücher* wurde versenkt und das Schlachtschiff *Lutzow* beschädigt, ehe Luftlandetruppen die Stadt einnahmen. Dänemark wurde am 9. April überrannt.

Zwischen dem 10. und 13. April fügte die Royal Navy deutschen Seestreitkräften, die Truppen nach Narvik brachten, schwere Verluste zu, und fünf Tage später landeten die Alliierten bei Narvik. In den nächsten drei Tagen gingen sie auch nördlich und südlich von Trondheim an Land, doch die Deutschen vernichteten diese Stützpunkte, als sie landeinwärts vorstießen. Eine alliierte Armee nahm am 28. Mai Narvik ein, wurde aber durch Ereignisse in Frankreich am 8. und 9. Juni zum Rückzug gezwungen. Dabei wurden der Transporter *Glorious* versenkt und die deutschen Schlachtkreuzer *Scharnhorst* und *Gneisenau* stark beschädigt.

DER FALL FRANKREICHS

Am 10. Mai wurde Winston Churchill britischer Premierminister. Am selben Tag griff Deutschland Holland und Belgien an und nahm drei hinter der Front stehende Armeegruppen von Engländern und Franzosen gefangen.

Das britische und französische Oberkommando hatte geglaubt, die Stoßrichtung gehe wie 1914 durch die Niederlande, und dies war ursprünglich auch deutsche Absicht gewesen. Doch der Plan war geändert worden, und der größte Druck wurde nun nicht im Norden, sondern in den stark bewaldeten Ardennen ausgeübt, die die Alliierten als für Panzer undurchdringlich betrachtet hatten. Die »unüberwindliche« französische Maginot-Linie wurde einfach umgangen.

Am 14. Mai hatten deutsche Panzer die Meuse bei Sedan überquert und zogen nordwärts, um eine riesige Zahl französischer und britischer Truppen in Nordfrankreich und Belgien einzukesseln. Die deutschen Panzer erreichten den Ärmelkanal am 20., und eine Woche später begann das Britische Expeditionskorps, das in die Häfen des Kanals zurückgedrängt worden war, seine Evakuierung aus Dünkirchen. Am Ende der Operation Dynamo am 4. Juni hatten etwa 338.000 Mann (davon 225.000 Engländer) die Küste verlassen. Am nächsten Tag fegten die Deutschen den verbliebenen französischen Widerstand weg. Am 22. wurde ein Waffenstillstand unterzeichnet, und vier Tage später endeten die Kämpfe. Italien erklärte am 10. Juni England und Frankreich den Krieg.

Rechts: Eine Ju87 wird für den Abflug vorbereitet. Obwohl der Stuka die unerfahrenen französischen Truppen während der Schlacht um Frankreich terrorisierte, zeigten sich auch seine Schwächen, vor allem seine Verletzlichkeit beim Hochziehen nach dem Sturzflug. Er wurde Mitte August 1940 nach schweren Verlusten durch das Jägerkommando aus der Schlacht um England zurückgezogen. Später im Krieg wurde der Stuka gegen Schiffe eingesetzt und leistete an der Ostfront als schwerbewaffneter »Panzerknacker« gediegene Dienste.

Links: Britische Infanterie beim Warten auf die Evakuierung aus der Enge von Dünkirchen. Mit der Vernichtung der eingeschlossenen alliierten Truppen hatte Hitler die Luftwaffe betraut. Er wollte zunächst die verbliebene französische Armee südlich der Somme eliminieren und fürchtete immer noch einen Gegenschlag der Alliierten gegen seine Panzer in einem Gebiet, das von Kanälen zerschnitten und von Überflutung bedroht war. Die Luftwaffe verfehlte ihr Ziel. In heftigen Kämpfen über Dünkirchen verlor sie 156 Flugzeuge, die R. A. F. 106.

Oben: Kein anderer Tourist hat Paris seinen ersten Besuch als Eroberer abgestattet. Hitler inspiziert Ende Juni 1940 den Eiffelturm. Rechts neben ihm der Architekt Albert Speer, der 1942 Hitlers besonders begabter Rüstungsminister wurde.

DIE SCHLACHT UM ENGLAND

Der Fall Frankreichs hatte die scheinbar unbesiegbare deutsche Armee bis an die Küste Frankreichs gebracht. Nun plante Hitler die Invasion Südenglands (Deckname *Seelöwe*), obwohl weder er noch sein Oberkommando von dieser Operation wirklich begeistert waren.

Der Erfolg von *Seelöwe* hing von der Zerstörung des R.-A.-F.-Jägerkommandos durch die Luftwaffe ab. Ernsthaft begann der Luftkampf am 10. Juli 1940, drei Wochen lang tauschten das Jägerkommando und die Luftwaffe Eröffnungsschläge aus, um die gegenseitigen Stärken und Schwächen abzutasten.

Der Kampf intensivierte sich im August; am 15. kam es zum Hauptangriff der Luftwaffe (Deckname *Adler*), der die Entscheidungsschlacht gegen das Jägerkommando provozieren und gewinnen sollte. Im harten Luftkampf verlor die Luftwaffe am später sogenannten »Schwarzen Donnerstag« 72 Flugzeuge.

Auch die R. A. F. erlitt besorgniserregende Verluste, die den Nachschub überstiegen. Erschöpfung hatte sich unter den Staffeln ausgebreitet, die das Hauptschlachtfeld über Südostengland verteidigten. Etliche lebenswichtige Bodenstationen des Jägerkommandos lagen in Trümmern, obwohl von ihnen aus immer noch Flieger starteten.

Während der Schlacht war die Luftwaffe fatalerweise zwischen verschiedenen Zielen hin- und hergeschwankt – den Radareinrichtungen der R. A. F. an der Küste, den Bodenstationen des Jägerkommandos und den Flugzeugfabriken –, ohne eines von diesen ausschalten zu können. Am 7. September unternahm sie den ersten Massenangriff bei Tageslicht auf London. Die Luftwaffe schätzte die Stärke der R. A. F. auf 100 Flugzeuge, doch am 15. September erlitt sie eine vernichtende Niederlage, als zwei stark begleitete Bomberwellen am Himmel über London auf fast 300 britische Jäger trafen. Die Lufthoheit war der Luftwaffe entschieden streitig gemacht worden, und am 12. Oktober befahl Hitler den Aufschub von *Seelöwe* auf unbestimmte Zeit.

Unten: Bereit zum Flug. Ein Messerschmitt-Me109-Jäger vom I/JG2 Richthofen rollt zum Abflug. Die Me109 und die Spitfire entsprachen einander ungefähr, doch die erstere hatte einen Kampfradius von nur 200 km, der sie auf höchstens 30 Minuten über Südengland beschränkte. Ein Luftwaffenkommandant klagte später: »Die deutschen Jäger waren in einer ähnlichen Lage wie ein Hund an einer Kette, der einen Feind angreifen will, doch ihn wegen seiner begrenzten Reichweite nicht verletzen kann.«

Rechts: Zwei Hurricanes des 501. Geschwaders steigen am 15. August von Gravesend zum Kampf auf. Obwohl weniger ruhmreich als die legendäre Spitfire, trug die robuste Hurricane die Hauptlast des Kampfes in der Schlacht um England von Juli bis November 1940. Das Geschwader des Jägerkommandos mit den meisten Abschüssen in der Schlacht, das 303., flog Hurricanes und kam auf 126½ bestätigte Siege.

Oben: Ein Bewaffner, einer der vielen unbesungenen Helden der Schlacht um England, macht eine Spitfire fertig zum Kampf. Jedes Flugzeug hatte eine Bodencrew von drei Mann – einen Monteur, einen Mechaniker und einen Bewaffner. Die unterstützende Kette im Hintergrund reichte von der Bodencrew bis zu den Arbeitern in den Flugzeugfabriken.

Unten: Eine Crew der Luftwaffe wird vom brennenden Wrack einer He111 weggeführt. Ihre Schnelligkeit war keine Sicherheitsgarantie gegen die Spitfires und Hurricanes, und charakteristisch für die Schlacht um England war die hohe Zahl von Bombern, die mit toten oder schwerverwundeten Besatzungsmitgliedern zurückkehrten.

DER LUFTANGRIFF

Am Samstag, dem 7. September 1940, flog die Luftwaffe ihren ersten Angriff auf London. An diesem Nachmittag stand ihr Oberbefehlshaber Reichsmarschall Hermann Göring auf der Felsspitze von Cap Gris Nez und beobachtete den Flug der Bomber über den Kanal. Der Luftangriff hatte begonnen.

An diesem Tag warfen 300 Flugzeuge mehr als 300 Tonnen Bomben auf die Londoner Docks und die dichten Straßen des East End. Die so entstandenen Brände beleuchteten den Weg für 250 weitere Bomber, die in der Nacht angriffen. Einem Feuerwehrhauptmann in den Surrey-Docks schien es, als ob »die ganze verdammte Welt in Flammen stünde«.

In den nächsten 56 Nächten wurde London bombardiert. Die Bomber folgten der Silberlinie der Themse, um das größte Ziel der Welt zu treffen. Am Ende des Jahres betrug der Blutzoll 13.600 Tote, viele tausend waren verwundet und über 250.000 Menschen obdachlos. Die Kosten für die Luftwaffe waren vernachlässigbar; die Flugabwehr schoß nur eine von 300 Maschinen ab.

In den Dreißigern dachten britische Strategen, daß die Moral der Zivilbevölkerung zusammenbrechen würde, sobald die Bomben fielen. Doch die Wochen vergingen, und die Menschen fanden das Leben trotz der Bomben erträglich. London erwies sich als eine zu schwer zu knackende Nuß, und die Luftwaffe wandte ihre Aufmerksamkeit nun Häfen wie Southampton und den Industriezentren der Midlands zu. Am 14. November erlebte das Zentrum von Coventry einen vernichtenden Angriff, mit dem zugleich ein neues Wort erfunden wurde – »coventrieren«.

Die Endphase des Luftangriffs begann am 16. April 1941; sie fand ihren Höhepunkt am 10. Mai in einem gewaltigen Angriff auf London, der ein Drittel der Straßen unpassierbar machte und 160.000 Familien ohne Wasser, Gas und Strom zurückließ. Doch Ende Juni 1941 wurden zwei Drittel der Luftwaffe an die Ostfront verlegt. Der Luftangriff auf London war vorbei.

Oben: Eine Heinkel He111 über dem East End von London. Diese dramatische Photographie wurde in Deutschland verteilt, um zu zeigen, wie verwundbar die Hauptstadt des britischen Reiches für Hitlers Bomber war. Doch die Angriffe auf London ab dem 8. September, teilweise als Antwort auf einen britischen Bombenangriff auf Berlin, verspielten Hitlers Chancen, die Schlacht um England zu gewinnen.

Rechts: Ein stahlbehelmter Luftschutzwart trinkt auf seinem Posten Tee. Jeder Posten sollte ein Gebiet, in dem etwa 500 Menschen lebten, kontrollieren. In London gab es etwa zehn Posten auf 2,5 Quadratkilometern. 1939 waren 1,5 Millionen Personen an der Zivilverteidigung beteiligt, über zwei Drittel davon Freiwillige.

Links: Der Geist des Luftangriffs. Im April 1941 erklärte Churchill: »Ich sehe die Zerstörung durch die feindlichen Angriffe; ich sehe aber auch, Seite an Seite mit der Verwüstung und den Trümmern ruhige, vertrauensvolle, glänzende und lächelnde Augen, strahlend in dem Bewußtsein, mit einer weit höheren und weiterreichenden Sache, als jede menschliche oder persönliche Angelegenheit das sein kann, verbunden zu sein. Ich kann den Geist eines unauslöschbaren Volkes sehen.«

Rechts: Londoner suchen auf dem Bahnsteig der Elephant and Castle Station der U-Bahn Zuflucht vor den Bomben. Auf dem Höhepunkt des Luftangriffs schliefen jede Nacht 170.000 Menschen in den Tunnels. Die Legende geht, daß ihr Schnarchen wie ein Wind anschwoll und verebbte.

ZWISCHENSPIEL AM BALKAN

Verleitet durch Hitlers Erfolge im Westen fiel der italienische Diktator Benito Mussolini im Oktober 1940 in Albanien und Griechenland ein. Er geriet bald in Schwierigkeiten, wurde von den Griechen nach Albanien zurückgetrieben und mußte von seinem deutschen Verbündeten gerettet werden.

Hitler wollte auch seine südliche Flanke sichern, ehe er mit dem lang geplanten Angriff auf die Sowjetunion begann. Als die Verlegung von 60.000 britischen Soldaten nach Griechenland zum Sturz des pro-deutschen Prinzen Paul von Jugoslawien führte, ging Hitler in die Offensive.

In der Operation *Bestrafung,* die am 6. April 1941 begann, überrannten die Deutschen Jugoslawien in nur zehn Tagen. Die Eroberung Griechenlands dauerte etwas über zwei Wochen. Die Engländer verlegten etwa 18.000 Mann aus Griechenland nach Kreta, das von den Deutschen Ende Mai nach einer Invasion durch Luftlandetruppen eingenommen wurde. Bei einer zweiten Evakuierung wurden neun britische Kriegsschiffe versenkt und 17 schwer beschädigt.

Der deutsche Sieg in Kreta forderte fast 10.000 Opfer. Von den hohen Verlusten erschreckt, sah Hitler von der geplanten Besetzung Maltas durch Luftlandetruppen ab.

Rechts: Das Hakenkreuz wird auf dem Parthenon in Athen gehißt. Der Feldzug in Griechenland und Jugoslawien kostete die deutsche Armee knapp 5.000 Opfer. In Jugoslawien machten die Deutschen 345.000 Gefangene. Die griechischen Verluste betrugen 70.000 Tote oder Verwundete und 270.000 Gefangene. Die Briten beklagten im Griechenlandfeldzug 12.000 Opfer und verloren ihre gesamte schwere Ausrüstung.

Rechts: Ein deutsches Transportflugzeug stürzt ab, während der Himmel über Nordwest-Kreta am 20. Mai 1941 voller Fallschirme ist. In den heftigen Kämpfen erlitten die Fallschirmtruppen schwere Verluste, doch die Einnahme des Flugplatzes von Maleme lieferte einen Stützpunkt für Verstärkung aus der Luft, die den Sieg sicherte.

Unten: Das britische Kriegsschiff *Kipling* fährt nach dem Fall von Kreta in den Hafen Alexandria ein. Von der Brücke zum Ufer hin winkt Lord Mountbatten, Kommandant der 5. Zerstörerflotte, dessen Schiff, der Zerstörer *Kelly*, während der britischen Evakuierung von Stukas versenkt worden war. Mountbatten und die anderen Überlebenden der *Kelly* wurden von der *Kipling* aufgefischt, die ebenfalls von deutschen Flugzeugen angegriffen und beschädigt wurde. Mountbatten wurde später Kommandant der Kombinierten Operationen, ehe er Alliierter Oberbefehlshaber in Südostasien wurde.

BARBAROSSA – 1

Am 22. Juni 1941 um 3.30 Uhr, einen Tag nach dem 129. Jahrestag von Napoleons Angriff auf Rußland im Jahre 1812, drangen sieben deutsche Infanteriearmeen, angeführt von vier Panzergruppen, in die Sowjetunion ein. Der Deckname der Operation war *Barbarossa*.

Drei Millionen deutsche Soldaten, unterstützt von 3.580 Panzern, 7.184 Kanonen und fast 2.000 Flugzeugen, bewegten sich auf einer Linie von 2.000 Meilen. Die Rote Armee steckte in einer Phase der Umorganisation und war auf jede Kurve und jeden Winkel der Grenze aufgeteilt. Sie wurde in großangelegten Umkreisungen gefangen. Im Juni machten die Deutschen bei Minsk und Smolensk 400.000 Gefangene, im September gingen 600.000 in der weiten Krümmung des Dnjepr ins Netz.

Unten: Gepanzerter Vorstoß. Ein MkIII-Panzer und Panzergrenadiere rücken in der glühenden Hitze des russischen Sommers über ein Getreidefeld vor. Der MkIII war im Frühstadium des deutschen Feldzugs in Rußland das Rückgrat der Panzerdivisionen, doch sollte er seinen Meister im russischen T-34 finden, dem besten und vielseitigsten Panzer des Krieges, der ab 1941 eingesetzt wurde.

Zwei Monate des Sieges forderten ihren Preis. Schlachten, Verwundungen und Krankheiten ereilten eine halbe Million Mann der deutschen Truppen. Am 11. Juli fürchtete der Kommandant der 18. Panzerdivision, der Verlust an Menschen und Ausrüstung würde sich als unersetzbar erweisen, *»wenn wir uns nicht zu Tode siegen wollen«.*

Rechts: Kampf von Haus zu Haus in Rostow, einem Eisenbahnknotenpunkt in Südrußland, nahe dem Asowschen Meer. Die Stadt unterlag am 21. November 1941 der 1. deutschen Panzerarmee, wurde aber eine Woche später in einem wilden Gegenangriff von den Russen zurückerobert. Dies war für die Deutschen der erste ernste Rückschlag im Unternehmen Barbarossa und führte zum Rücktritt des Kommandanten der Heeresgruppe Süd, Feldmarschall von Rundstedt.

Unten: Eine Flüchtlingskolonne in der Ukraine; hinter ihr die Rauchschwaden der Schlacht. Oft als Kornkammer Rußlands bezeichnet, war die Ukraine bei der Operation Barbarossa Angriffsziel der Heeresgruppe Süd.

BARBAROSSA – 2

Anfang Oktober 1941 belagerte die erschöpfte Deutsche Heeresgruppe Nord Leningrad. Doch nun forderten Rußlands weite Räume, primitive Straßen und das grimmige Klima ihren Zoll vom deutschen Heer.

Die sengende Sommerhitze hatte ganzen Seen von Herbstschlamm Platz gemacht. Im Oktober fiel der erste Schnee des Winters. Hitler stand nun vor der Entscheidung, direkt nach Moskau zu ziehen oder seine Südflanke zu verstärken, um sich die Rohstoffe und den landwirtschaftlichen Reichtum der Ukraine zu sichern. Der Winter – für den das Oberkommando die Armee nicht ausgerüstet hatte – kam, und der Führer hetzte seine Truppen immer noch an der Front hin und her.

Unten: Die Bewohner von Moskau graben im Herbst 1941 an den Zugängen zur russischen Hauptstadt Anti-Panzer-Gräben. Die Rückschläge in der Eröffnungsphase von Barbarossa ermutigten den sowjetischen Diktator Josef Stalin, den Kampf gegen Deutschland in den »Großen Patriotischen Krieg« umzuwandeln. Die orthodoxe Kirche wurde in die Kriegsanstrengungen mit einbezogen, und »Mutter Rußland« wurde weit eher zur Parole als die Kommunistische Partei.

Rechts: Ein deutsches Fahrzeug, gefangen im glitschigen Schlamm des Frühlingstauwetters von 1942. Die russische Winterkälte tötete schnell, doch die endlosen Schlammseen im Herbst und Frühling lähmten die Beweglichkeit und untergruben die Moral. Auf den primitiven Straßen Rußlands genügten zwölf Stunden Regen, um eine Hauptstraße in einen unpassierbaren Morast zu verwandeln. Unter diesen Umständen kam wieder der Pferdetransport auf. Trotz all ihrer ruhmreichen Panzerspitzen hing die Beweglichkeit der deutschen Armee in Rußland zu achtzig Prozent von Pferden ab.

Der deutsche Vormarsch stockte in Schneestürmen und so tiefen Temperaturen, daß die Artillerie an der steinharten Erde wie unbewegliche Blöcke festfror. Einige deutsche Patrouillen erreichten eine Straßenbahnhaltestelle am Rande Moskaus. Sie sahen die Türme des Kreml in der Sonne glitzern. Am 6. Dezember gingen die Russen mit frisch ausgerüsteten Divisionen aus Sibirien zum Gegenangriff über. Sie drängten die Heeresgruppe Mitte 350 Kilometer zurück, ehe die Offensive im klebrigen Schlamm der Frühlingsschmelze von 1942 zum Stillstand kam. Der Blitzkrieg hatte seinen Meister gefunden.

Unten: Der Rückzug von Moskau. Die deutsche Armee war für die Härten des russischen Winters schlecht ausgerüstet. Beim Kampf um Moskau waren die deutschen Verluste durch Erfrierung doppelt so hoch wie die durch Kampfhandlungen.

DER KAMPF UM DEN ATLANTIK

Winston Churchill meinte, daß der Kampf um den Atlantik *»der entscheidende Faktor während des gesamten Krieges war. Nie vergaßen wir, daß von seinem Ausgang alles abhing«*. Hätten deutsche U-Boote die Verbindungslinie Englands zu Amerika abgeschnitten, dann hätten die Engländer den Krieg nicht fortführen können. Der Kampf um die Ausschaltung der Unterwasser-Bedrohung war daher der längste und wichtigste, den die Briten ausfochten.

Zunächst behielten die U-Boote die Oberhand. Sie jagten in »Wolfsrudeln«, wurden von Langstrecken-Aufklärungsflugzeugen zu ihren Zielen begleitet und konnten lange auf See bleiben, da sie Benzin von Hilfs-U-Booten tankten. Indem sie nachts Oberflächenangriffe koordinierten, überwältigten sie allein durch ihre Überzahl die Begleitung der Konvoys.

Der Höhepunkt war Anfang 1943 erreicht. Die U-Boote versenkten zweimal so viele Schiffe, wie nachgebaut werden konnten, während für jedes versenkte U-Boot zwei neue vom Stapel gelassen wurden. Der Sieg schien in Reichweite.

Links oben: Das letzte Foto des britischen Schlachtkreuzers *Hood*, ehe er südlich von Grönland am 24. Mai 1941 in den Kampf gegen den deutschen Kreuzer *Bismarck* zog. Die *Hood* wurde von der *Bismarck* versenkt, die auch das Schlachtschiff *Prince of Wales* beschädigte, von der aus die Photographie gemacht wurde. Der Triumph der *Bismarck* war nur kurz. Ein Torpedo eines Swordfish-Torpedobombers des Trägers *Air Royal* machte sie kampfunfähig, und am 27. Mai wurde sie von den Schlachtschiffen *Rodney* und *King George V.* in Stücke geschossen. Den Gnadenstoß erhielt sie von einem Torpedo des Kreuzers *Dorsetshire*. Nur 107 Mann der Besatzung der *Bismarck* überlebten.

Doch Technik wendete das Blatt. Alliierte Langstreckenflugzeuge, die mit Scheinwerfern und Wasserbomben ausgerüstet waren, erhielten leistungsstarke neue Radars, so daß sie die U-Boote bei Nacht jagen konnten. Hochfrequenz-Peilung (bekannt als »Huff Duff«) half den Konvoy-Begleitschiffen, die U-Boote zu bombardieren, wenn sie mit ihrem Stützpunkt kommunizierten. Leichte Jäger auf den schnellen Begleit-Flugzeugträgern forderten einen schweren Zoll unter den U-Booten.

Im Sommer 1943 überwog die Tonnage der von den Alliierten vom Stapel gelassenen Schiffe erstmals seit Kriegsbeginn jene, die durch U-Boote verloren wurde. Die Bedrohung durch die U-Boote war gemeistert. Deutsche Neuentwicklungen wie der tauchzeitverlängernde Schnorchel und die Type XXI, Vorläufer aller modernen Unterseeboote, kamen zu spät.

Links: Überleben im Meer. Die ölverklumpte Mannschaft eines U-Bootes wird von einem Kriegsschiff der Royal Navy aufgefischt. Der Kampf um den Atlantik forderte einen hohen Preis. Etwa 300.000 Mann der britischen Handelsmarine fielen den U-Booten zum Opfer. Die Opferzahl bei den U-Boot-Crews betrug insgesamt 75 Prozent und war weit höher als in allen anderen Bereichen der Marine, Armee oder Luftwaffe aller kämpfenden Nationen.

Oben: Ein U-Boot unter Luftbeschuß. Der Kampf um den Atlantik war eine hochtechnische Auseinandersetzung, bei der der Vorteil ständig wechselte. Von Januar bis Juli 1942 betrug die durchschnittliche Lebensdauer eines U-Boots im Atlantik 13 Monate. Bei Kriegsende war die Lebenserwartung auf drei Monate geschrumpft. Von 830 in den Kampf gesandten U-Booten verlor die deutsche Marine 690, fast alle davon im Atlantik.

LÄCHELND DURCHHALTEN: DIE BRITISCHE HEIMATFRONT

Keine Nation machte für den Krieg gründlicher mobil als die britische. »Weißt du nicht, daß Krieg ist?« konnte man überall hören, in den Menschenschlangen, die durch die Rationierung entstanden, ebenso wie in den Granaten-Fabriken.

Friedensartikel wurden schnell zum Luxus. Im März 1940, als die Schiffe im Atlantik untergingen, wurde das Fleisch rationiert. In schlechten Zeiten wurde die Butterration von etwa 110 g halbiert, und der zugeteilte Käse ähnelte in Größe und Qualität dem Köder in einer Mausefalle. Die Aufteilung auf alle hatte zur Folge, daß sich im Verlauf des Krieges die Ernährung und die Gesundheit der Bevölkerung besserte.

Unten: Ankunft und Abfahrt. Soldaten und Evakuierte auf einem Londoner Bahnhof. Bei Kriegsbeginn wurden etwa 1,5 Millionen Kinder aus den britischen Städten in »Erholungsgebiete«, die vor deutschen Bomben sicher waren, evakuiert. Als die Bomben nicht kamen, kehrten viele nach Hause zurück. Der Beginn des Luftangriffs im September 1940 verursachte eine neue Welle der Evakuierungen. Die Evakuierung und die Einführung der Verdunkelung waren die zwei Hauptzüge des Lebens an der Heimatfront während des Scheinkrieges.

Rechts: Die Armee, die nie kämpfte. Ein Posten der Home Guard hält im Sommer 1940, als die deutsche Invasion unmittelbar bevorzustehen schien, außerhalb von Londons County Hall Wache. Die Home Guard (Heimatschutz), zunächst Local Defence Volunteers (lokale freiwillige Verteidigung) genannt, wurde im Mai 1940 gebildet und zählte Ende Juni etwa 1,5 Millionen schlecht ausgerüstete, doch enthusiastische Mitglieder. Hitler nannte sie eine »Mörderbande«, aber »Dads Armee« lachte zuletzt.

Die gesamte Nation wurde von den Anstrengungen des Krieges erfaßt, und ein wesentlicher Teil der Zivilbevölkerung befand sich durch den Luftangriff an der Frontlinie. Im Winter 1940 war ein weiblicher Luftschutzwart jede Nacht in größerer Gefahr als die meisten Männer bei den Streitkräften.

Die Wehrpflicht für Frauen begann im Dezember 1941. Mitte 1943 waren neun von zehn alleinstehenden Frauen in der Armee oder der Kriegsindustrie, sie dienten als Landarbeiterinnen, bei der Flak oder arbeiteten als Schweißerinnen in Werften. Margaret Weldon, ein Mitglied der Women's Auxiliary Air Force (WAAF), erinnerte sich: *»Irgendwie war es, wie zur Universität zu gehen. Wir waren in diesem Alter, und man sah, wie Leute während des Krieges erwachsen wurden. Vor dem Krieg war ich nirgendwo gewesen, wußte sehr wenig und kannte nur die Leute meiner Wohngegend. In der WAAF sah ich Menschen, Situationen und Dinge, die ich nie erwartet hätte. Und es gibt ein spontanes Band zwischen uns allen, wenn wir uns heute wiedertreffen.«*

Unten: Eine Frau in einer Munitionsfabrik. Die Frauen nahmen schnell die Plätze ein, die durch den Dienst der Männer bei den Streitkräften frei geworden waren. In den Schiffswerften wurden sie Experten für komplizierte Schweißarbeiten. Trotzdem bezahlte man ihnen weniger Lohn als ihren männlichen Kollegen.

Unten: Erntezeit für die Frauen der Women's Land Army. Am Ende kurbelten etwa 80.000 Landmädchen die landwirtschaftlichen Erträge an. Ungefähr 1.000 davon arbeiteten als Rattenfänger. Weitere 6.000 bildeten das Holz-Corps, das in entlegenen Teilen auf dem Lande Bäume fällte und in Sägemühlen arbeitete.

DIE AUFGEHENDE SONNE: JAPANS WEG IN DEN KRIEG

Zum Schutz der von Japanern betriebenen Eisenbahnlinie hatte Japan in der Mandschurei Truppen stationiert, die 1931 die Provinz übernahmen. Der Krieg gegen China bach 1937 aus, als die japanische Garnison, die die Botschaft in Peking schützte, nach einem Schußwechsel mit chinesischen Truppen zur Offensive überging.

Japan eroberte die gesamte chinesische Küste und weite Teile des Hinterlandes. Ohne militärische Unterstützung durch England, das den Transport von Kriegsmaterial entlang der »Burma-Straße« nach Chungking erlaubte, hätte die chinesische Regierung unter Tschiang Kai Schek den Japanern nicht widerstehen können.

Die USA hatten sich bei der japanischen Expansion herausgehalten. Doch im September 1940 reichte sie bis Französisch-Indochina, wo Vichy-Frankreich Japan Militärbasen überließ, von denen aus es Malaysia, Ostindien und das US-Protektorat der Philippinen bedrohen konnte.

Präsident Roosevelt wählte eine ökonomische Waffe, um den japanischen Vormarsch zu stoppen, indem er ein Gummi-Embargo verhängte, im Juli 1941 alle japanischen Vermögenswerte in den USA einfrieren ließ und ein Ölembargo gegen alle Aggressoren einschließlich Japan verkündete. Mit einem Schlag waren die Japaner 90 Prozent ihrer Öllieferungen und 75 Prozent ihres Außenhandels beraubt. Nun hatten sie die Wahl zwischen einem diplomatischen Rückzug von ihren chinesischen Eroberungen oder dem Krieg. Sie beschlossen, auf Zeit zu spielen, während sie einen Überraschungsangriff auf die US-Marine planten.

Unten: Kriegskind. Ein verlassenes Kind in den Trümmern von Schanghai nach einem japanischen Luftangriff. Die Stadt fiel am 8. November 1937 an die Japaner.

Oben: Das Schlachtschiff *Yamato*, Symbol der japanischen Seemacht. Gebaut, um jedes schwimmende Schlachtschiff mit seinen 18-Zoll-Geschützen zu überwältigen, wurden die *Yamato* und ihr Schwesterschiff *Musashi* 1940 in Dienst genommen, als bereits Flugzeugträger zum Hauptschiff der Flotten wurden. Die *Yamato* wurde am 7. April 1945 bei einer Selbstmord-Mission gegen die in Okinawa einfallenden US-Streitkräfte von Flugzeugbomben versenkt.

Unten: Chinesische Zivilisten werden 1937 von japanischen Soldaten hingerichtet. Die japanische Invasion in China und die folgende Eroberung von großen Teilen des Pazifiks und Südostasiens war von extremer Grausamkeit geprägt.

PEARL HARBOR: TAG DER NIEDERTRACHT

Nach dem amerikanischen Ölembargo meinte Admiral Osami Nagano, der Chef des japanischen Generalstabs, Japan sei wie *»ein Fisch in einem Teich, aus dem das Wasser schrittweise ausgelassen wird«*.

Ersatz an Rohstoffen war relativ nahe zur Hand: in Borneo, Java, Sumatra, Malaysia und Burma. Um sie zu erhalten, war eine rasche Eroberung riesiger Gebiete des Fernen Ostens nötig. Im November 1941 begannen in Washington Gespräche, um den Ausbruch von Feindseligkeiten zu vermeiden. Inzwischen bereiteten die Japaner einen Überraschungsschlag mit Flugzeugträgern gegen die Basis der US-Pazifikflotte in Pearl Harbor auf der hawaiianischen Insel Oahu vor.

Oben: Der Zerstörer *Shaw* explodiert während des japanischen Angriffs auf Pearl Harbor am 7. Dezember 1941 nach einem direkten Treffer im Trockendock. Am 8., kurz vor 1 Uhr, schlug Präsident Roosevelt dem Kongreß vor, Japan den Krieg zu erklären. Am selben Tag erklärte Britannien Japan den Krieg. Drei Tage darauf erklärten Deutschland und Italien – in Pakttreue mit Japan – den Vereinigten Staaten den Krieg. Der britische Premierminister Winston Churchill sah dies als den Wendepunkt des Krieges an. Er war vom Sieg überzeugt, wenn das riesige Militärpotential der Vereinigten Staaten gegen Japan und Deutschland eingesetzt werden würde.

Am 26. November lief die japanische Flotte aus. Unter Funkstille und dem Schutz von Wolken und Gewittern fuhr sie zu ihrem Angriffspunkt 320 Kilometer vor Pearl Harbor. Den Amerikanern waren die japanischen Absichten klar; sie hatten seit Monaten die japanischen Botschaften aufgefangen und entschlüsselt. Doch die genauen Pläne kannten sie nicht.

Am 7. Dezember, um 7.55 Uhr, begann der Überraschungsangriff der Japaner. Flugzeuge von sechs Trägern versenkten oder beschädigten sechs Schlachtschiffe und zerstörten über 300 Flugzeuge am Boden. Doch ihr Sieg schien nur vernichtend: Die beiden Flugzeugträger der Pazifischen Flotte waren auf einer Übungsfahrt und entgingen so dem Angriff.

Unten: Blick eines japanischen Fliegers auf die Schlachtschiff-Reihe in Pearl Harbor. Von den sieben Schiffen, die während des Angriffs versenkt oder beschädigt wurden, würden nur zwei niemals mehr auslaufen. Die *Pennsylvania* entging im Trockendock ernsthafter Beschädigung. Die zweite Welle der japanischen Flugzeuge hätte die Reparaturanlagen und die Öllager von Pearl Harbor angreifen müssen, um die US-Pazifikflotte unbeweglich zu machen.

AFRIKANISCHE SCHAUKEL – 1

Nach dem Fall Frankreichs war Nordafrika drei Jahre lang der einzige Ort, an dem die Bodentruppen der Westalliierten die Achsenmächte im Griff hatten. Die Befehlshaber in der Wüste von Ägypten und Libyen waren genauso wie die an der Ostfront Gefangene der Geographie und des Klimas.

Über weite Strecken war die flache Küstenzone landeinwärts von Hochebenen oder steilen Senken begrenzt, welche die Beweglichkeit der Armeen auf einen schmalen Streifen von 64 Kilometern beschränkten. Der Krieg in Nordafrika bestand aus Vormärschen und Rückzügen entlang diesem 2.000 Kilometer langen Streifen, der von Tripolis im Westen bis Alexandria im Osten reichte und entlang dem eine Reihe von kleinen Häfen die einzigen Punkte von militärischem Wert waren. Der Krieg verlief in Form von Schlägen, die von einem dieser Punkte, die Unterstützung vom Meer aus erlaubten, zum nächsten geführt wurden, mit dem Ziel, den Feind des Wassers, Benzins, der Munition, Nahrung und Verstärkung zu berauben – in dieser Reihenfolge die Hauptelemente des Wüstenkriegs.

Die Wüste mag als saubere Umwelt erscheinen, doch für die Männer, die in ihr fochten, war sie grausam. Sie erduldeten brütende Hitze und frostige Nächte, Fliegen und Sand, schweißgetränkte Bekleidung und Wunden. Ein Regenschauer konnte den Sand in Schlamm verwandeln, so tief und so zäh wie der an der Ostfront.

Unten: Ein MkIII-Panzer des Afrikacorps fährt während Rommels Zug nach Bir Hacheim im Juni 1942 durch die Wüste. Sein britischer Gegenspieler, der Matilda-Infanteriepanzer, konnte sich mit dem MkIII nicht messen und wurde als Schützenpanzer Ende 1942 zurückgezogen. Der MkIII traf nach der Ankunft des amerikanischen M3-Grant-Panzers im Mai 1942 in Nordafrika auf einen ernsthafteren Gegner. Dieser feuerte aus seiner 75-mm-Kanone panzerbrechende und hochexplosive Munition ab.

Links: Die Plage der britischen Panzer, das deutsche 88-mm-Geschütz, im April bei Mersa el Brega im Einsatz. Von Krupp in den frühen Dreißigern als Flugzeugabwehr-Geschütz entwickelt, wurden seine Qualitäten als Panzerabwehr-Waffe zuerst während des spanischen Bürgerkriegs bemerkt.

Unten: In einer typischen kahlen Wüstenlandschaft mit dem verstreuten Abfall des Krieges begleitet britische Infanterie im Oktober 1942 gefangene Deutsche und Italiener.

AFRIKANISCHE SCHAUKEL – 2

Die Briten hatten 1940 in Nordafrika ihre eigenen Sorgen. Am 10. Juni 1940 hatte Italien England den Krieg erklärt und griff im September von seiner nordafrikanischen Kolonie Libyen aus Ägypten an. Obwohl zahlenmäßig weit unterlegen, kämpften die Briten großartig und schlugen die Italiener 800 Kilometer weit nach Bengasi zurück.

Die Lage änderte sich rapide, als im Februar 1941 das Deutsche Afrikakorps unter General Erwin Rommel eintraf. Seine ausgezeichnete Panzerführung und seine Taktik, die britischen Tanks vor seine 88-mm-Panzerabwehrkanonen zu lokken, machte ihn zu einer ernsten Bedrohung, bis er – vom Nachschub abgeschnitten – im November 1942 von General Montgomery in der zweiten Schlacht von El Alamein besiegt wurde.

Unten: Britische Infanterie stürmt bei der zweiten Schlacht von El Alamein, einer harten Auseinandersetzung, die am 23. Oktober 1942 mit einem massiven Bombardement aus 800 britischen Kanonen begonnen wurde, nach vorn. Der Kommandant der 8. britischen Armee, General Montgomery, verfügte über großen Materialvorteil gegenüber seinen Gegnern von den Achsenmächten, und am Abend des 3. November hatte er das Afrikacorps auf nur mehr 30 einsatzfähige Panzer reduziert. Am 4. November begann Rommel kurz vor Morgendämmerung den langen Rückzug nach Tunesien.

Rommels Niederlage wurde durch das Ausschalten des Nachschubs der Achsenmächte über das Mittelmeer gesichert, ebenso durch die quantitative Überlegenheit an Material, die die 8. britische Armee im Herbst 1942 erringen konnte. Rommels Schwierigkeiten wurden dadurch noch verstärkt, daß für Hitler Nordafrika immer nur eine Nebenbühne darstellte. Trotzdem ergaben sich die deutschen und italienischen Kräfte erst im Mai 1943, ein Prozeß, der durch die Landung der Alliierten in Marokko und Algerien im November 1942 beschleunigt wurde.

Unten: Ein lahmgelegter MkIII-Panzer wird am 29. Oktober erobert, eine Woche nach Beginn der entscheidenden zweiten Schlacht von El Alamein. Die Verfolgung der sich zurückziehenden Deutschen wurde durch schweren Regen, Benzinknappheit und die für Montgomery charakteristische Vorsicht gebremst, der britische Sieg dadurch abgeschwächt.

Unten: Wüstenkämpfer. Colonel David Sterling mit einer seiner Infiltrationsgruppen, die weit hinter den feindlichen Linien in Verbindung mit Einheiten der Long Range Desert Group operierten. Sterlings Schöpfung entwickelte sich zu einem Special-Air-Service-(SAS-)Regiment. Sterling wurde 1943 in Tunesien gefangengenommen und erlebte nach vielen Fluchtversuchen das Ende des Kriegs innerhalb der Mauern der Burg Colditz.

DIE ROTE ARMEE SCHLÄGT ZURÜCK

Im Sommer 1942 nahm Hitler die Sache wieder auf, die im Dezember 1941 vor Moskau unerledigt geblieben war. Wieder rollten die Panzer: Die Heeresgruppe A stieß durch den Donez-Korridor nach Stalingrad vor, die Heeresgruppe B zog durch Rostow zum Kaukasus und weiter zu den südlichsten Ölfeldern der Sowjetunion bei Baku am Kaspischen Meer.

Unten: Ein Bataillonskommandant der Roten Armee führt seine Männer in den Kampf. Nachdem sie 1941 fast zerstört war, tauchte eine neue, kampferprobte Rote Armee auf, die den Deutschen die Initiative wieder entriß.

Unten: Deutsche Infanterie tastet sich durch die Ruinen von Stalingrad. Der Soldat in der Mitte trägt die Basisplatte eines Mörsers und der Mann links eine Bombenaufhängevorrichtung.

Oben: Das Grauen und der Jammer. Die Folgen einer Greueltat auf der Kerch-Halbinsel auf der Krim, eingefangen 1942 vom großen Kriegsphotographen Dimitri Baltermants. Die nationalsozialistische Ideologie hatte zur Folge, daß der Krieg an der Ostfront mit unübertroffener Brutalität geführt wurde. Die Russen zahlten es ihrem Feind zurück. Ende 1944 gab es nur wenige Soldaten in der Roten Armee, die nicht eine persönliche Rechnung mit den Deutschen zu begleichen hatten.

Hitler war von der Idee besessen, Stalingrad, die Industriestadt an den Ufern der Wolga, einzunehmen. Der russische Widerstand verhinderte das, und im Winter 1942 verwandelte sich Stalingrad in ein Grab für die eingeschlossene 6. deutsche Armee. Am 31. Januar 1943 ging ihr Kommandant, Feldmarschall Paulus, gemeinsam mit 100.000 Mann in Gefangenschaft. Ein massiver sowjetischer Gegenangriff im Januar zwischen Orel und Rostow bedrohte Charkow und die sich aus dem Kaukasus zurückziehenden deutschen Truppen.

Die sowjetische Offensive wurde durch einen brillant geführten Gegenschlag von Feldmarschall von Manstein im Februar und März 1943 in Grenzen gehalten. Als der Kampf im Schlamm der Frühlingsschmelze erstarb, hinterließ er eine faustförmige Frontausbuchtung rund um Kursk im Herzen der Ukraine, die in die deutsche Frontlinie hineinragte.

PANZERSCHLACHT VON KURSK

Die Beule von Kursk übte auf Hitler eine schreckliche Faszination aus. Er sagte zu General Guderian, jedesmal, wenn er an den bevorstehenden Angriff auf die Frontausbuchtung denke, drehe sich ihm der Magen um.

Die Vorbereitung der Operation mit dem Decknamen *Zitadelle*, die nach der Niederlage der 6. Armee in Stalingrad die Initiative wieder zurückerobern sollte, dauerte drei Monate. Die Rote Armee, reorganisiert, neu ausgerüstet und voll wachsendem Selbstvertrauen, war durch das Schweizer Spionagenetz »Lucy« und die Agenten im britischen Decodierzentrum in Bletchey Park (vgl. S. 192) über die deutschen Pläne informiert. Unter dem Oberbefehl von Marschall Schukow bereitete sie mit aller Kraft die Verteidigung der Frontausbuchtung vor.

Unten: In den Kessel. T-34 der 5. Schützenpanzerarmee bringen Infanterie in den Kampf zur Kursker Entscheidung, während Iljuschin-Il-2-Shturmovik-Angriffsbomber über den Himmel über ihnen rasen. Etwa 6.000 Panzer und Geschütze wurden in die Schlacht von Kursk geworfen. Beide Seiten verloren ungefähr 1.500 gepanzerte Fahrzeuge, doch den Deutschen mangelte es an Reserven, um ihre Stärke wiederherzustellen. Dagegen übertraf die Kapazität der russischen Panzerproduktion die Deutschlands bei weitem.

Als Hitler am 5. Juli 1943 seine Panzer gegen die nördliche und südliche Biegung der Kursker Beule losschickte, wurden sie von den Sowjets in einer tödlichen Falle abgefangen und zerfetzt. Kaum war der deutsche Vorstoß abgefangen, eröffnete die Rote Armee eine Serie von niederschmetternden Gegenangriffen, die bis September die deutsche Armee bis zur Linie des Dnjepr zurückwarfen. Hitler hatte alles auf eine Karte gesetzt und die Initiative an der Ostfront verloren. Er sollte sie niemals wiedererlangen.

Oben: Panzerabwehrschützen der Roten Armee unter Feuer. Kein Soldat war besser für die Panzerabwehr ausgerüstet als der Infanterist der Roten Armee. Dies entsprach seiner Bodenverbundenheit und Fähigkeit, seine Heimaterde bis zum letzten Atemzug zu verteidigen. Bis Juni 1943 hatte die russische Infanterie 1,5 Millionen Panzerabwehrgeschütze erhalten.

Links: Das Antlitz der Niederlage: Ein deutscher Artillerist bei der Entscheidung von Orel. Zwischen Juli und Oktober 1943 stiegen die unersetzlichen deutschen Verluste an der Ostfront auf 365.000, der größte Teil davon fiel bei Kursk und während des Rückzugs zum Dnjepr.

DER BOMBENKRIEG – 1

Die zweimotorigen Bomber der Luftwaffe waren 1940 nicht leistungsfähig genug, um London und die britischen Industriestädte auszulöschen. Auch die Bomber der R. A. F. konnten den Krieg nicht allein gewinnen, wie Luftstrategen in den Dreißigern gehofft hatten. Sie waren blind über dem verdunkelten Europa. Selbst in Mondnächten warfen die meisten von ihnen ihre Bomben meilenweit von den Zielen entfernt ab.

Trotzdem blieb der Bombenkrieg die einzige Art, auf die die Engländer Deutschland direkt treffen konnten. Ab 1942 gab es viermotorige Bomber in größerer Zahl, ausgerüstet mit ausgefeilten Navigations-Funkinstrumenten. Gleichzeitig kam es zu einem Wechsel in der Politik. Die Zerstörung präziser Ziele blieb zwar spektakuläres Ziel des Bomberkommandos, doch die meisten Bomben der R. A. F. fielen jetzt auf »Flächenziele«. Wenn das Bomberkommando nicht die deutschen Kriegsfabriken vernichten konnte, so konnte es doch die Städte zerstören, in denen die Fabrikarbeiter lebten. Der Befehlshaber des Bomberkommandos, Hauptmarschall Sir Arthur Harris, dachte, daß die systematische Zerstörung der Städte Deutschlands den Krieg von selbst beenden würde. Alle anderen Ziele wie Einrichtungen, die in Verbindung mit der Jagdflugzeug- oder Ölproduktion standen, lehnte Harris als bloße »Spielerei« ab.

Unten: Ein Wellington-Bomber und Mannschaften des 149. Geschwaders der R. A. F. bei der Rückkehr vom Angriff des Bomberkommandos auf Berlin am 25. August 1940, der einer der Gründe für Hitler war, die Luftwaffe gegen London zu richten. Von Barnes Wallis entworfen, hatte der Wellington ein geodätisch konstruiertes Gerippe, das ihn auch starke Beschädigungen ohne Verlust der Flugtauglichkeit aushalten ließ. Der »Wimpey« trug bis zum Einsatz der schweren viermotorigen Bomber, der Short Stirling, Handley Page Halifax und Avro Lancaster, die Hauptlast der Nachtangriffe des Bomberkommandos.

Das Flächenbombardement erreichte im Juli und August 1943 seinen Höhepunkt mit den verheerenden Angriffen der Operation *Gomorrha* auf Hamburg. Der Versuch, »Berlin von einem Ende zum anderen zu zerstören«, der von November 1943 bis März 1944 dauerte, wurde nach dem Verlust von fast 500 Flugzeugen abgebrochen. Trotzdem wurde die deutsche Luftverteidigung nun zu einem Verlustgeschäft, während die Bomberkommandos die Mittel hatten, in kürzester Zeit eine große Zahl von Flugzeugen über einem Ziel zusammenzuziehen. Am Ende des Krieges lagen die deutschen Städte in Trümmern.

Unten: Großartiger Anblick der Motoren des Avro Lancaster, des schwersten Bombers des Bomberkommandos. Bei einer Bombenlast von 5.600 kg hatte der Lancaster eine Reichweite von 3.000 km. Speziell adaptierte Lancasters flogen die 10.000 kg schwere Grand Slam-Bombe gegen gepanzerte Ziele wie U-Boot-Bunker und Bahntunnels.

Unten: Eine Lancaster überfliegt während eines Tagangriffs am 6. August 1944 eine brennende Raffinerie nahe Bordeaux. Die Lancaster des Bomberkommandos flogen während des Krieges 156.192 operationale Einsätze und warfen 608.612 Tonnen Bomben auf Deutschland ab; 3.345 Lancasters wurden als vermißt gemeldet.

DER BOMBENKRIEG – 2

Während die R. A. F. Deutschland bei Nacht bombardierte, schlg die 8. US Air Force, die im Sommer 1942 nach England kam, am Tage zu. Die amerikanischen Flieger waren überzeugt, daß der Krieg so gewonnen werde.

Die US Army Air Force (USAAF) war überzeugt, daß Präzisionsbombardement bei Tageslicht die Schlüsselpunkte der deutschen Kriegswirtschaft zerstören könne. Die amerikanischen Luftwaffenkommandanten glaubten, daß ihre Bomberformationen sich auch ohne befriedigende Langstrecken-Begleitjäger den Weg zu und von den Zielen in Deutschland erkämpfen konnten, ohne untragbare Verluste zu erleiden. Die Amerikaner wurden dabei auch nicht von der Tatsache abgeschreckt, daß sowohl das

Oben: Boeing-B-17-Flying-Fortress-Bomber der 8. US Air Force über Europa und die Kondensstreifen ihrer Jäger-Begleitung. Die Formation zu halten, erforderte von den B-17-Piloten äußerste Konzentration und körperliche Anstrengung. Eine Kampfformation aus 54 Flugzeugen war 1943 2 km breit und 0,8 km tief, wobei 540 Meter zwischen dem Spitzen- und dem letzten Flugzeug in jeder der 18 Flugzeuge umfassenden schachtelartigen Gruppen der Formation lagen.

Links: Eine getroffene B-17 der 94. Bomber-Gruppe über Berlin, deren Heck von Bomben aus höher fliegenden Flugzeugen der Formation zerfetzt ist. Die 94. flog am 17. August 1943 eine glücklose Mission gegen Regensburg. Von 376 Flugzeugen, die in zwei Angriffe gegen Rüstungsfabriken in Schweinfurt und Regensburg geschickt wurden, gingen 60 verloren, und viele weitere wurden abgeschrieben.

britische Bomberkommando als auch die Luftwaffe diese Taktik bereis angewendet hatten und gescheitert waren.

Im Himmel über Deutschland wurde die Theorie der USAAF fast bis zur Selbstzerstörung getestet. Die B-17 Flying Fortresses und B-24 Liberators, in Massenformationen fliegend, erlitten wachsende Verluste durch die Jäger der Luftwaffe. Im Spätsommer 1943 beliefen sich die Ausfälle pro Mission auf zehn Prozent, eine Rate, die nicht akzeptiert werden konnte. Die Moral war im Keller.

Die Krise endete im Dezember 1943 mit der Einführung des neuen P-51-Mustang-Begleitjägers, der mit einem Rolls-Royce-Merlin-Motor ausgerüstet war und die Bomber nicht nur bis zu den Zielen tief im Inneren Deutschlands begleiten, sondern auch in Jagdpatrouillen die gegnerischen Jäger vom Himmel fegen konnte.

Rechts: Vereinte B-24 Liberator bombardieren Tours in Frankreich. Beachten Sie die Rauchzeichen des Formationsführers, die den gleichzeitigen Abwurf der Bomben durch die folgenden Flugzeuge auslösten, um einen Bombenteppich rund um das Ziel zu legen. Die Liberator und die Flying Fortress, die beide mit schwerer defensiver Bewaffnung beladen waren, konnten eine Bombenlast von 2.500 kg über eine Reichweite von etwa 3.600 km tragen.

Links: Die Kinder leiden. Flüchtlinge fliehen aus Dresden. Die Stadt wurde in einer Reihe von Angriffen des bitischen Bomberkommandos und der 8. US Air Force zwischen dem 13. und 15. Februar 1945 zerstört. Die Angriffe, bei denen 130.000 Zivilisten ums Leben kamen, sind bis heute umstritten.

SECHS SIEGREICHE MONATE

In den sechs Monaten nach Pearl Harbor eroberte Japan weite Gebiete des Pazifiks für seine »Sphäre des gemeinsamen Wohlstandes in Ostasien«. Gegen einen zersplitterten, schlecht ausgerüsteten Gegner sicherte sich Japan den Sieg durch seinen Nachrichtendienst, präzise zentrale Planung und die perfekte Koordination von Marine, Luftwaffe und Bodentruppen.

Im Mai 1942 umfaßte das Gebiet in japanischer Hand die Inseln Guam und Wake, die Philippinen, Französisch-Indochina, Burma, Thailand, Malaysia, Singapur, Hongkong, Holländisch-Ostindien, drei Viertel von Papua-Neuguinea, den Bismarck-Archipel und einen wesentlichen Teil der Gilbert- und Salomon-Inseln. Im Norden bedrohten sie die Kette der Aleuten und den Zugang nach Alaska; im Westen kamen sie, nachdem sie Malaysia überrannt, die große Marinebasis in Singapur eingenommen und die Briten

Unten: Japanische Landetruppen stürmen am 8. Dezember 1941 die britische Kolonie Hongkong. Die Kämpfe dauerten bis Weihnachten, dann ergab sich der britische Kommandant, Generalmajor C. M. Maltby. Auf den japanischen Sieg folgte eine Orgie des Mordens und Vergewaltigens.

aus Burma vertrieben hatten, nahe an die Grenzen Indiens; im Süden bedrohten sie Australien.

Die Japaner hatten die Grenzen der Eroberung erreicht, die Admiral Yamamoto, der Oberbefehlshaber der Japanischen Flotte, vorhergesagt hatte. Um dieses Gebiet zu sichern, wollten sie nun die US-Pazifikflotte zum Kampf fordern und zerstören.

Oben: Kapitulation in Singapur am 15. Februar 1941, die katastrophalste Einzelniederlage in der Geschichte des britischen Militärs. Über 130.000 Mann wurden gefangengenommen.

Links: Das dem Untergang geweihte Schlachtschiff *Prince of Wales*, das mit dem Schlachtkreuzer *Repulse* als Haupteinheiten der Streitmacht Z nach Singapur gesandt wurde. Am 8. Dezember 1941 liefen die *Prince of Wales* und die *Repulse* von Singapur aus, um die japanischen Transporte, die die Landungen in Nordmalaysia unterstützten, zu bekämpfen. Wegen mangelnder Luftdeckung wurden sie von japanischen Flächen- und Torpedo-Bombern am 10. Dezember versenkt.

Rechts: Die Japaner machten auf der Bataan-Halbinsel auf den Philippinen 76.000 US- und philippinische Gefangene. Mindestens 20.000 von ihnen starben beim »Todesmarsch« zu ihrem Gefangenenlager, eine bittere Warnung vor der Brutalität, mit der die Japaner die alliierten Kriegsgefangenen behandelten.

DIE WENDE IM PAZIFIK

Die Schlacht im Korallenmeer vom 4. bis 8. Mai 1942 brachte die Wende, und eine neue Ära des Seekriegs begann. Bei dieser ersten großen Schlacht von Flugzeugträgern bekam keine der Flotten mehr den Feind zu Gesicht.

Im Korallenmeer versenkten die Japaner einen der beiden Flugzeugträger von Admiral Frank Fletcher, die *Lexington*, und beschädigten den anderen, die *Yorktown*. Im Glauben, beide Träger seien versenkt, setzten die Japaner ihren Plan zur Einnahme der Insel Midway fort. Die Amerikaner, die den japanischen Marinecode geknackt hatten, positionierten ihre Flotte, um den viel stärkeren Kampfverband der Japaner zu besiegen. In der folgenden Schlacht vernichteten die amerikanischen Sturzbomber vier japanische Flugzeugträger und drehten das Gleichgewicht der Kräfte im Pazifik um.

Unten: Ein Douglas-Dauntless-Sturzbomber über der Insel Wake. Es war der Dauntless, der bei Midway die größte Zerstörung anrichtete; er versenkte vier Flugzeugträger bzw. machte sie bewegungsunfähig. Obwohl der Dauntless unterbewaffnet war, keine sehr große Reichweite hatte und über längere Zeit sehr anstrengend zu fliegen war, versenkte er doch eine größere Tonnage an japanischen Schiffen als jedes andere alliierte Flugzeug.

Oben: Der US-Träger *Enterprise* in der Schlacht von Santa Cruz am 26. Oktober 1942 unter Beschuß, eine Auseinandersetzung während des Kampfes um Guadalcanal, die den Träger *Hornet* als brennendes Wrack zurückließ, das später von den Japanern versenkt wurde.

Oben: Dschungelbedingungen. Während der Operationen, die den japanischen Stützpunkt in Rabaul im Dezember 1943 isolieren sollten, durchnäßt ein tropischer Regenguß die Mannschaft einer 75-mm-Kanone, während sie auf japanische Stellungen auf New Britain auf dem Bismarck-Archipel feuert.

Jetzt waren die Japaner gezwungen, ein riesiges Seereich zu verteidigen, das überall von der wachsenden Macht der amerikanischen Kriegsmaschinerie angegriffen werden konnte. Der Punkt, den die Amerikaner wählten, waren die Salomon-Inseln. Am 7. August 1942 stürmten US-Marines auf Guadalcanal an Land. Die Japaner wurden erst im Februar 1943 von der Insel vertrieben, nach harten Boden-, Luft- und Seeschlachten, die die Ausdauer der Amerikaner bis an ihre Grenzen erprobten.

DER PROPAGANDAKRIEG

Während des Kriegs wurden Fußgänger in den Städten mit Aufforderungen bombardiert, die Kriegsanstrengungen zu unterstützen. Ein Londoner zählte auf einem Spaziergang 48 Aufrufe jeden Themas, von der Rationierung bis zur Einschreibung zur Zivilverteidigung. Bei allen Nationen zeugten diese Anschläge von den Kriegsanstrengungen.

Das Plakat war das primäre Überzeugungsmittel und formulierte in einfachen Worten die Einstellungen der Führer einer Nation, ihre politischen, militärischen und moralischen Imperative, vom einfachen Appell an den Patriotismus bis zum Antisemitismus der nationalsozialistischen Ideologie. Radio, Filme und Wochenschauen spielten mit. Das Radio wurde von allen Seiten als Werkzeug der »schwarzen Propaganda« benützt, von den Deutschen besonders in der Person von William Joyce, der aus Hamburg deutsche Propaganda sendete und dessen höhnische scheinaristokratische Töne ihm den Spottnamen »Lord Haha« einbrachten.

Rechts: Über dem Bombenschaden in der Londoner City prangt unbeeinträchtigt ein Banner, das einen der häufigsten Slogans im England der Kriegszeit trägt. Im Bemühen um nationale Selbstversorgung mit Nahrung wurden Golfplätze dem Pflug geopfert, und kleine Hintergärten glichen bald Miniatur-Bauernhöfen, vollgestopft mit Hühnerausläufen und Kaninchenställen. Das Albert-Denkmal im Hyde Park war von Vorzeigeparzellen umgeben.

Oben: Josef Goebbels, der dämonische König des Propagandakriegs. Nach der Niederlage von Stalingrad wurde Goebbels zur immer wichtigeren Gestalt bei den Bemühungen, die totale Mobilisierung der deutschen Kriegswirtschaft zu erreichen. Am 24. August 1944 wurde er zum Generalbevollmächtigten des Totalen Krieges mit weitreichender Macht ernannt. Goebbels beging am 1. Mai 1945 mit seiner Frau und seinen Kindern in Berlin in Hitlers Bunker Selbstmord.

Rechts: Ein nationalsozialistischer Sankt Georg besiegt einen russischen Drachen.

In Josef Goebbels besaß Deutschland einen Meister der Propaganda, der bis Kriegsende die Alliierten auf dem falschen Fuß erwischen konnte. Doch berauscht von seinen Fähigkeiten begriff er nicht, daß auch die beste Propaganda kein gleichwertiger Gegner der militärischen Macht der Alliierten war. Im April 1945, in den Trümmern Berlins, meinte er zu seinen Untergebenen: *» ... in hundert Jahren werden sie einen feinen Farbfilm über die schrecklichen Tage drehen, die wir durchleben. Wollen Sie nicht eine Rolle darin spielen?«*

DER FILM IM KRIEG

Die Hollywood-Filmfabrik reagierte prompt auf die Kriegssituation. Die großen Studios waren von vielen ihrer Überseemärkte abgeschnitten. Doch gab es einen großen Zuwachs bei den Besucherzahlen in den Kinos der Heimat. Die Kriegsarbeiter hatten Geld zum Ausgeben und wollten unterhalten werden.

Die US-Regierung begriff schnell die Wichtigkeit des Films als Propagandamittel. Die geläufigen Genres – Kriminalfilme, Musicals und Western – wurden an populäre Kriegsthemen angepaßt. Der Patriotismus erwies sich für die großen Studios wie MGM, Paramount und Warner Bros. als ungeheuer profitabel.

Unten: Ein Bild aus *Fires Were Started* (1943 – Regie: Humphrey Jennings), einem lyrischen Beitrag zur Arbeit der freiwilligen Feuerwehr während des Londoner Luftangriffs.

Unten: David Niven in *The Way Ahead* (1944), der den Weg einer Gruppe von Rekruten bei der Ausbildung und im Kampf in der nordafrikanischen Wüste verfolgte. Niven war, ehe er zum Hollywoodstar wurde, in Friedenszeiten Armeeoffizier gewesen und diente auch in der Endphase des Krieges mit Auszeichnung in Nordwesteuropa.

1943 war die Zahl der Filme, die sich mit dem Krieg beschäftigten, auf dem Höhepunkt angelangt. Als der Krieg in die entscheidende Phase ging, wuchs das Verlangen nach Realitätsflucht in Form von Musicals oder Kostümdramen.

Die Kriegszeit belebte die erschlaffte britische Filmindustrie, die einen Strom von aufwühlenden Dokumentationen über den »Krieg der kleinen Leute« produzierte. Diese hatten starken Einfluß auf die Mainstream-Filme. Streifen wie ***Millions Like Us, The Way Ahead*** und ***Waterloo Road*** behandelten das Leben der einfachen Soldaten und Bürger und brachten ein neues Gefühl des Realismus ins britische Kino. Im Gegensatz dazu bestand das deutsche Kino aus einer Mischung von Hymnen auf die nationale Geschichte und militärische Stärke, antisemitischen Traktaten und wüster Realitätsflucht.

Rechts: Gordon Jackson und Patricia Roc in *Millions Like Us* (1943), einem volkstümlichen Drama, das in einer Flugzeugfabrik spielte und die Botschaft vermittelte, daß die Briten einen »Krieg des Volkes« kämpften.

Links: Umgeben von bewundernden GIs der 9. US-Armee beißt Marlene Dietrich »irgendwo in Deutschland« im Februar 1945 in ein Sandwich. Gemeinsam mit vielen anderen Hollywoodstars arbeitete sie unermüdlich, um die Truppen in Übersee zu unterhalten, oft dicht an der Front.

DER HOLOCAUST

Die Juden wurden in Deutschland verfolgt, sobald die Nationalsozialisten 1933 an die Macht kamen. Die Nürnberger Gesetze von 1935 beraubten sie ihrer Bürgerrechte. Im November 1938 waren etwa 150.000 der 500.000 deutschen Juden emigriert, viele von ihnen in Länder, die in der unmittelbaren Reichweite der deutschen Armee lagen.

Die diplomatischen Siege von 1938 und 1939 brachten viele osteuropäische Juden unter deutsche Herrschaft. Die Eroberung Polens und Westrußlands ließ weitere Millionen in Hitlers Hände fallen. Auf Befehl Heinrich Himmlers, des Chefs der SS, begannen fast sofort die Massaker. Zwischen Juni und November 1941 ermordeten SS-Einsatzgruppen mindestens eine Million Juden hinter den deutschen Linien in Rußland.

Unten: Aushebung von Juden im Warschauer Ghetto 1943. Das Ghetto, das vom Rest der Stadt durch eine hohe Mauer abgeschnitten war, beherbergte etwa 430.000 Menschen, zermürbt von Seuchen und am Hungertuch nagend. Man schätzt, daß im Dezember 1941 200.000 Menschen im Ghetto ohne Nahrung und Obdach waren. Mit Zeitungspapier bedeckte Leichen lagen in den Straßen. Ab dem Sommer 1942 wurden die Juden aus dem Ghetto systematisch ins Todeslager Treblinka, 80 Meilen westlich von Warschau, deportiert.

Links: Ein deutscher Soldat beobachtet während des Aufstandes im Warschauer Ghetto im April 1943 ein brennendes Gebäude. Junge Juden hatten sich bewaffnet, um gegen ihre Peiniger zurückzuschlagen. Etwa 1.000 jüdische Kämpfer, bewaffnet mit Gewehren, Pistolen und selbstgebastelten Bomben, fochten einen Monat lang einen verzweifelten Kampf, ehe sie von Panzern, Flammenwerfen und Flugzeugen überwältigt wurden. Es war der letzte Akt in der Geschichte des Ghettos. Nur ungefähr 100 Juden überlebten den Aufstand. Der Rest, etwa 60.000, wurde beim Kampf getötet oder in die Todeslager geschickt.

Die meisten Juden wurden in Massenerschießungen getötet, eine Methode, die Himmler zu ineffizient war. Auf der Wannsee-Konferenz im Januar 1942 beschloß er die »Endlösung der Judenfrage«. Die Juden wurden in den Ghettos zusammengetrieben und in Todeslager im Osten geschickt. Hier wurden sie bei der Ankunft ermordet, oder sie arbeiteten bis zur tödlichen Erschöpfung in SS-Fabriken, und endeten dann in Gaskammern. Dieses Schicksal ereilte etwa sechs Millionen Juden und viele Nichtjuden, meist Zwangsarbeiter, die am Leben blieben, solange sie arbeiten konnten.

Die Beseitigung der Juden, wenn auch nicht ihr genaues Schicksal, war jedem im besetzten Europa bekannt. Ab 1942 war den Alliierten wohl bewußt, was geschah. Doch die Rettung der Juden gehörte nicht zu den Kriegszielen der Alliierten. Erst in den letzten Kriegsmonaten, als die Todeslager überrannt wurden, wurden die Menschen in Britannien und Amerika mit der schrecklichen Wahrheit konfrontiert.

Rechts: Die schrecklichen Überreste von Hitlers »neuer Ordnung« im Konzentrationslager Bergen-Belsen, das von britischen Truppen am 15. April 1945 befreit wurde. Viele der Toten in diesem Massengrab waren an Typhus gestorben, der in den letzten Kriegswochen im Lager gewütet hatte. Die Briten fanden bei ihrer Ankunft 13.000 Leichen, die in grotesken Haufen im Freien lagen.

DER ITALIENFELDZUG

Nach der Befreiung Nordafrikas landeten die Alliierten am 9. Juli 1943 in Sizilien. Unter Patton und Montgomery kämpften die 7. Armee der Amerikaner und die 8. Armee der Briten mit großem Schwung, konnten aber nicht verhindern, daß die meisten deutschen Verteidiger der Insel sich absetzten und mit dem größten Teil ihrer Ausrüstung über die Straße von Messina auf das italienische Festland entwichen.

Am 25. Juli wurde Mussolini gestürzt, und am 3. September schloß eine antifaschistische Regierung einen geheimen Waffenstillstand mit den Alliierten. Sechs Tage später landeten die Alliierten bei Salerno auf dem italienischen Festland.

Danach war der alliierte Vormarsch ein langes, hartes Unterfangen, das noch zermürbender wurde durch schwieriges

Oben: Britische Truppen des X. Corps gehen im September 1943 bei Salerno, südöstlich von Neapel, an Land, wo sie auf starken Widerstand von zwei Panzerdivisionen stießen. Männer und Maschinen ergießen sich aus einem eigens entworfenen Landing Ship Tank (Landepanzerschiff) mit weiten Toren.

Links: Ein Soldat der 2. Neuseelanddivision begleitet im Mai 1944 unterhalb von Monte Cassino zwei deutsche Kriegsgefangene. Das Kloster, das das Schlachtfeld bei Cassino dominierte, wurde nach wildem Kampf vom II. Polnischen Korps eingenommen. Der viermonatige Kampf um dieses wichtige Glied in der Gustav-Linie forderte von den Alliierten 21.000 Todesopfer.

Gelände, verpaßte Gelegenheiten, zähen deutschen Widerstand in einer Kette von wohlbefestigten Verteidigungspositionen, besonders der Gustav-Linie, und einen ständigen Abzug von Ressourcen – die Invasion in der Normandie hatte Vorrang. Im Januar 1944 ergab eine amphibische Landung bei Anzio, hinter der Gustav-Linie, eine günstige Gelegenheit, doch die Chance wurde versäumt.

Der Stützpunkt der Gustav-Linie bei Monte Cassino wurde im Mai 1944 nach hartem Kampf eingenommen. Rom fiel am 4. Juni, doch die Alliierten blieben den deutschen Truppen in Italien zahlenmäßig unterlegen, und erst am 29. April 1945 ergaben sich die Deutschen. Weit entfernt davon, nach Churchills Vorstellung der »weiche Unterbauch« zu sein, wurde Italien für die alliierte Strategie zu einer schwärenden Wunde.

Rechts: General Mark Clark, Kommandant der 5. US-Armee, fährt am 4. Juni 1944 über den Petersplatz in Rom. Der ehrgeizige Clark ließ sein klares Urteil häufig durch seine Vorliebe für persönliche Publizität trüben.

DIE KRIEGSHERREN

Vier Männer bestimmten die groben Umrisse des Krieges: Hitler, Stalin, Roosevelt und Churchill. Die zwei Diktatoren zeigten einige auffallende Ähnlichkeiten: Sie führten ein persönliches Regime ein, das die Nacht zum Tag machte – zur Erschöpfung ihrer Stäbe –, und sie mischten sich in die kleinsten Kleinigkeiten ein, oft mit verheerendem Resultat.

Mit dem Fortschreiten des Krieges zügelte Stalin sich und ordnete sich dem Rat der ranghohen Berufsmilitärs, des Schlachten-Siegers Schukow und der Stabsoffiziere Wasilewski und Antonow, unter. Trotzdem behielt er die totale Kontrolle; er regierte seine Befehlshaber durch Angst, wie er es auch mit der Sowjetunion tat.

Hitler übernahm im Dezember 1941 die persönliche Kontrolle über die Operationen, doch war er für diese Rolle ungeeignet. Die leichten Siege von 1939 und 1940 hatten in ihm Verachtung für seine Generäle, von denen die Mehrheit zur Vorsicht gemahnt hatte, und für ihre praktischen Ratschläge hervorgerufen. Wer gegen ihn aufstand, wurde früher oder später entlassen. Ab 1943 führte Hitler den Krieg nach der Landkarte. Er klammerte sich an jeden Zoll Boden und ließ seinen besten Befehlshabern wenig oder keinen Raum für Manöver.

Oben: Churchill, Roosevelt und Stalin treffen einander im Februar 1945 zum letzten Mal in Yalta auf der Krim, um die Pläne für die Nachkriegsteilung Deutschlands zu ratifizieren. Roosevelt war da schon ein schwerkranker Mann. Er starb am 12. April an einem Gehirnschlag. Churchill, der bei den britischen Wahlen im Juli 1945 abgewählt werden sollte, fand sich am Verhandlungstisch düster mit dem reduzierten Zustand des erschöpften England ab. Dagegen ging Stalin aus der Konferenz als Sieger hervor: Er sicherte sich die Vormachtstellung der Sowjetunion in Osteuropa und wesentliche Zugeständnisse Roosevelts als Lohn für den Eintritt der Sowjetunion in den Krieg gegen Japan. Die Sowjetunion fiel am 8. August 1945 in die Mandschurei ein.

Rechts: Hitler und Mussolini 1938 in glücklicheren Zeiten. Obwohl Mussolini, 1922 an die Macht gekommen, der ältere Diktator war, war Italien im Bündnis mit Deutschland der Juniorpartner. Ab dem 10. Juni 1940, als Mussolini England und Frankreich den Krieg erklärte, erwies sich Italien für Hitler als eine schwere strategische Behinderung. Mussolini wurde am 28. April 1945 von italienischen Partisanen hingerichtet.

Auch Churchill zeigte eine beunruhigende Neigung, sich in operationale Angelegenheiten einzumischen, doch die meisten seiner Interventionen wandelte Feldmarschall Brooke geschickt ab, dessen Aufgabe es war, die strategischen Ambitionen seines Chefs der harten Realität der eingeschränkten Ressourcen Britanniens anzupassen. Churchills Draht zu Präsident Roosevelt war entscheidend für die Koordination der englisch-amerikanischen Strategie. Im Gegensatz zu Churchill jedoch hielt sich Roosevelt von der Kriegsführung fern, nahm nach Pearl Harbor seine Routinegeschäfte wieder auf und überließ vieles seinem ungeheuer fähigen Stabschef, General Marshall.

Links: Der japanische Kaiser Hirohito besichtigt 1939 seine Truppen. Hirohito, ein kraftloser Mann, mehr an Meeresbiologie als an militärischer Expansion interessiert, hatte wenig Einfluß auf die Kommandanten, die die Politik bis in die letzten Kriegsphasen, als die Niederlage schon unvermeidlich war, bestimmten. Nach dem Krieg wurde er nicht als Kriegsverbrecher verfolgt, gab aber seinen göttlichen Status auf und wurde zu einem wesentlichen Instrument der amerikanischen Besatzung Japans.

BESATZUNG UND WIDERSTAND

Eroberungen bringen Probleme mit sich: Der Eroberer muß die Ordnung in den besetzten Gebieten herstellen, die Wirtschaft wiederbeleben und zu seinem Nutzen ausbeuten und Regierungen ersetzen.

Die »Neue Ordnung«, die in Asien von den Japanern und in Europa von Deutschland errichtet wurde, spiegelt dies wider. Die japanische Herrschaft in ihrer »Sphäre des gemeinsamen Wohlstandes in Ostasien« war hart und oft willkürlich, doch wurde sie von der Brutalität der deutschen Politik in den besetzten Gebieten übertroffen, die von der Rassenideologie der Nationalsozialisten geleitet wurde. Opfer waren nicht nur Juden, sondern auch Millionen von Russen, die als Zwangsarbeiter ins Reich verschleppt wur-

Unten: Ein deutscher Posten hält Wache am Atlantikwall, dem Symbol von Hitlers »Festung Europa«.

den. In Polen wollten die Deutschen die polnische Identität zerstören. Die gesamte Bevölkerung sollte als riesiges Potential billiger Arbeitssklaven dienen. In Griechenland verhungerten Tausende, als die Deutschen die Lebensmittellager übernahmen.

Im besetzten Europa war die Geographie für einen wirksamen Widerstand wesentlich mitbestimmend. In den Bergen Jugoslawiens legte die Partisanenarmee Marschall Titos eine große Zahl von deutschen und italienischen Divisionen lahm. In den Pripet-Sümpfen von Rußland belästigten Tausende Untergrundkämpfer die Wehrmacht. Im kleinen, flachen Dänemark, wo der Widerstand stark war, waren solche Operationen unmöglich. Churchill hoffte, daß im Westen die Resistance mit englischer Hilfe ***»Europa in Flammen setzen«*** würde. Ihre Wirkung war eher psychologisch, doch während der Invasion der Normandie spielte die französische Resistance eine wichtige zermürbende Rolle hinter den deutschen Linien.

Unten: Mitglieder der französischen Resistance während der Befreiung von Paris im August 1944 in Aktion.

Links: Ein Hinrichtungskommando exekutiert auf dem Balkan Partisanen. Im Dezember 1941 erließ Hitler sein »Nacht-und-Nebel«-Dekret, nach dem Einwohner besetzter Gebiete, die »gefährlich für die deutsche Sicherheit« waren, aber nicht sofort hingerichtet wurden, im Gefängnis verschwinden sollten. Ihre Familien erhielten keine Nachricht über ihr Schicksal. Niemand weiß, wie viele Menschen Opfer dieses Befehls wurden.

Rechts: Das Erbe der Besatzung. Die Polizei führt im befreiten Paris einen der Kollaboration Verdächtigten fort von der rachsüchtigen Menge. Unmittelbar nach der Befreiung wurden Tausende von der Resistance summarisch hingerichtet. Später wurden Tausende vor Gericht gestellt und zum Tod oder verschieden langen Gefängnisstrafen verurteilt.

DIE DEUTSCHE HEIMATFRONT

Hitlers Kriegspläne hatten eine Reihe von kurzen, raschen Feldzügen im Auge gehabt. Keine Vorbereitungen waren für den »totalen Krieg« getroffen worden. Die schnellen Siege in Frankreich und Rußland hatten den meisten Deutschen viele Härten des Krieges erspart. Güter aller Art kamen aus den eroberten Gebieten. Bis 1941 war die in Friedenszeiten gewohnte Routine von Arbeit, Schule und jährlichen Ferien nicht gestört.

Die deutsche Kriegsindustrie trat auf der Stelle, während die Frauen der abwesenden Soldaten bequem von ihrem staatlichen Zuschuß lebten. Bis 1941 gab es keine Anstalten, Frauen in den Waffenfabriken zu beschäftigen. Doch 1942, als die alliierten Bomber die deutschen Bürger an die Front holten und sich die Verluste an der Ostfront häuften, setzten spürbare Knappheiten und Rationierungen ein.

Unten: Ein deutscher Soldat hilft 1943 auf einem Bauernhof. Die Deutschen erlebten die erste Nahrungskrise, verursacht durch den Mangel an Landarbeitern (die für den Angriff auf die Sowjetunion eingezogen waren) und Lastwägen (die an der Ostfront eingesetzt wurden), im Winter 1941/42.

Erst Anfang 1943, als sich das Blatt bereits gegen die Deutschen zu wenden begann, mobilisierte Deutschland unter der Leitung von Josef Goebbels, Hitlers Propagandaminister, für den »totalen Krieg«. Auch jetzt blieb die deutsche Kriegswirtschaft ein Haufen von Widerspüchen. Sechs Millionen Arbeiter produzierten immer noch Konsumgüter, 1,5 Millionen Frauen arbeiteten als Mägde und Köchinnen. Korruption und Verschwendung bei den rivalisierenden Nazigrößen, durch Hitler im Versuch gefördert, seine Autorität zu sichern, belasteten die deutsche Heimatfront bis ans Ende des Krieges. Das ganze System wäre ohne die Millionen Zwangsarbeiter zusammengebrochen, die aus Osteuropa nach Deutschland transportiert wurden.

Oben: Ausgabe von Lebensmittelkarten. Die Schauspielerin Hildegard Knef, die im Krieg in Berlin aufwuchs, erinnert sich an die Ration der mittleren Kriegsjahre – schwacher Ersatzkaffee, Magarine auf Brötchen und »Eipulver, gewässert und gerührt, gestockt und gebraten, und mit einem Geschmack nach Kleister«.

Oben: Eine mobile Küche versorgt das Opfer eines Luftangriffs mit warmer Suppe. Seit 1943 fügten die alliierten Bomber den deutschen Städten wachsenden Schaden zu. Zwei Drittel der Hamburger Bevölkerung wurden nach dem Brandangriff vom August 1943 evakuiert. Als sich der Krieg dem Ende näherte, war jedes dritte Haus in Berlin zerstört oder unbewohnbar.

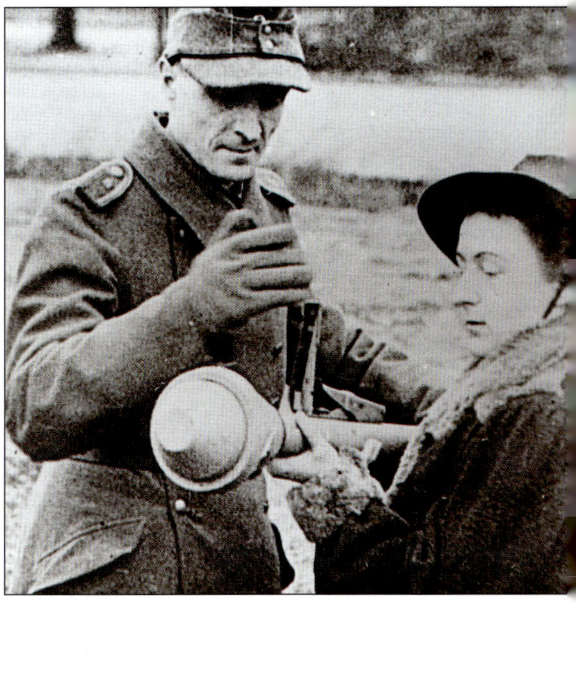

Rechts: Verzweiflungsmaßnahmen. Als sich die Russen Berlin nähern, wird eine Hausfrau im Gebrauch der Panzerfaust, einer rückstoßfreien Panzerabwehrwaffe, unterwiesen.

DIE INVASION DER YANKEES

Der erste amerikanische Truppentransporter legte am 26. Januar 1942, nur sieben Wochen nach dem Angriff auf Pearl Harbor, in Belfast an. Während der nächsten drei Jahre kamen fast 1,5 Millionen GIs (ihre Ausrüstung trug den Stempel »GI« für »General Issue« – allgemeine Zuteilung) nach Europa oder um auf Bomber- und Jäger-Basen zu dienen.

Die Amerikaner platzten in das graue England der Kriegszeit mit der Energie eines Hollywood-Farbfilms. Eine junge Frau erinnerte sich an die Ankunft amerikanischer Truppen bei Bournemouth: »Sie gaben an, prahlten und warfen mit Geld um sich und brachten einen enormen Auftrieb für die Geschäfte ... und für die lokale weibliche Bevölkerung.«

Weniger beliebt waren sie bei den einheimischen Männern und den britischen Truppen, die meinten, daß die Amerikaner *»überbezahlt, übersexualisiert und überflüssig«* seien. Ein Soldat der US-Armee erhielt zehn Shilling pro Tag, ein britischer zwei. Die GIs

Unten: GIs machen sich mit der britischen Teezeremonie bekannt. Jeder GI trug das Büchlein *Ein kleiner Führer durch Britannien* bei sich, das den Rat enthielt: *»Wenn du bei einer Familie zum Essen eingeladen bist, iß nicht zuviel. Sonst ißt du vielleicht ihre Wochenration auf ... Versuch den Engländern nicht zu erzählen, daß Amerika den letzten Krieg gewonnen hat, und mach keine witzigen Bemerkungen über die Kriegsschulden oder die britischen Niederlagen in diesem Krieg.«* Die Briten hießen die Amerikaner für ihren Teil willkommen, waren aber überrascht über die strenge Rassentrennung in ihren Streitkräften.

konnten Mädchen leicht verwöhnen und sie mit Zigaretten und Nylonstrümpfen aus ihren wohlbestückten PX-Läden überhäufen. Kein Wunder, daß das »GI-Fieber« Britannien vom amerikanischen Club im »Rainbow Corner« in Londons Piccadilly Circus bis zum kleinsten Dorf überschwemmte. Bis zum D-Day waren 20.000 britische Frauen »GI-Bräute« geworden. Eine weniger angenehme Nebenwirkung war die Steigerungsrate bei den Geschlechtskrankheiten. Doch dann zogen die Amerikaner weiter nach Europa und ließen viele schmachtende Herzen hinter sich zurück.

Oben: Männer einer amerikanischen Panzerdivision erhalten vor den Landungen des D-Day Instruktionen. Ende Juni 1944 waren Südost- und Westengland mit Männern und Material so vollgepackt, daß die Truppen scherzten, die Insel würde sinken, wenn die Invasion nicht bald käme.

Rechts: Hallo, Liebling, du bist zu Hause! Der US-Mariner Francis M. Connolly begrüßt im Februar 1946 seine britische Kriegsbraut Toni und ihren gemeinsamen Sohn Kenneth bei ihrer Ankunft mit anderen GI-Bräuten in New York.

DIE ROTE ARMEE RÜCKT VOR

Zwischen Dezember 1943 und Juni 1944 vertrieb eine Reihe sowjetischer Offensiven die Deutschen von der Krim und aus der Ukraine ins östliche Polen. Während der Kampf in der Normandie in den Tagen nach der Landung Hitler und die Alliierten voll beschäftigte, sammelte sich die Rote Armee zu einem neuen Angriff.

Die Operation *Bagration*, nach Napoleons russischem Gegner von 1812 benannt, begann am 22. Juni, dem dritten Jahrestag von *Barbarossa*. Die Offensive riß große Löcher in die von der Heeresgruppe Mitte gehaltenen Front. Als die Offensive schließlich im August beim Fluß Wistula auslief, hatte sie eine 340 km lange Bresche in die deutschen Linien geschlagen, war 720 km in Richtung Golf von Riga nach Ostpreußen vorgerückt und hatte das Äquivalent von 25 feindlichen Divisionen vernichtet. Die Heeresgruppe Mitte war zertrümmert und die Heeresgruppe Nord an der baltischen Küste für den Rest des Krieges isoliert. Die deutsche Armee hatte einen Schlag erhalten, von dem sie sich nie mehr erholte.

Unten: Eine riesige Kolonne deutscher Gefangener stapft müde durch die Straßen Moskaus. Von Kursk (Juni 1943) bis zum Schlußangriff auf Berlin war die Geschichte der Ostfront eine des russischen Vormarsches und des deutschen Rückzuges. Die Rote Armee blieb unbestritten im Besitz der Initiative.

Bagration hatte die Rote Armee vor die Tore Warschaus gebracht, wo sich am 1. August 1944 die polnische Heimatarmee gegen die Deutschen erhob. Die Rote Armee kam den Polen nicht zu Hilfe, sondern wartete ab, während die Deutschen den Aufstand mit großer Brutalität niederschlugen. Sie wurden aus der polnischen Hauptstadt erst im Januar 1945 vertrieben.

Links: Sowjetische Artillerie. Aus einer riesigen strategischen Reserve schöpfend, war der Befehlshaber der Artillerie, Marschall Woronow, in der Lage, bei Schlüsselstellungen eine vernichtende Konzentration von Kanonen herbeizuführen.

Unten: T-34/85er im April 1944 mit Marschall Malinowskis 3. Ukrainischer Front westlich von Odessa im Einsatz. Bei der Offensive der ersten vier Monate von 1944 eroberte die Rote Armee die Ukraine zurück und drängte die Deutschen bis zu den Karpaten und fast bis an die Grenzen Polens zurück.

Unten: Eine Salve aus einer Batterie von Katjuscha-Raketenwerfern. Eine Katjuscha-Division der Roten Armee konnte eine Menge von 3.840 heckstabilisierten Raketen mit 230 Tonnen Sprengstoff abschießen. Die Deutschen nannten die Katjuschas »Stalinorgeln«.

»OVERLORD«

Die Amerikaner, die ihre massiven Ressourcen aufmarschieren lassen wollten, hatten schon im Frühjahr 1943 zur Invasion gedrängt. Die Engländer fürchteten schwere Verluste und suchten die Landung aufzuschieben, bis die alliierte Luftwaffe die Deutschen geschwächt haben würde.

Im Sommer 1942 lehnten die Briten den amerikanischen Plan einer Invasion Nordeuropas mit 48 Divisionen im April 1943 ab. Danach richteten Britannien und die USA ihre Aufmerksamkeit auf die Befreiung Nordafrikas und die Invasion in Italien, von der die Briten hofften, daß sie Truppen aus Frankreich abziehen und die geplante Invasion über den Kanal erleichtern würde.

Die Russen, die fürchterliche Opfer zu beklagen hatten, wollten die sofortige Invasion – Stalins »zweite Front«. Anfang 1943 willigten Churchill und Roosevelt in eine Beschleunigung des US-Truppenausbaus in England ein. Doch sehr zu Stalins Mißfallen wurde die Operation nicht vor Mitte 1944 begonnen.

Die Invasion der Normandie mit dem Decknamen »Overlord« (Oberherr) begann am 6. Juni 1944. Nach einer langen Luftoffensive und einem Täuschungsmanöver der Alliierten, das Hitler glauben ließ, der Hauptangriff komme bei Calais, wo er eine mächtige gepanzerte Reserve bereithielt, startete das größte Landeunternehmen der Geschichte.

Im Morgengrauen des 6. Juni landeten alliierte Fallschirmjäger, um Brücken und Küstenbatterien an den Flanken der Invasionszone einzunehmen. Die ersten alliierten Truppen landeten um 6.30 Uhr. An nur einem der fünf Küstenpunkte der Invasion leisteten die Deutschen grimmigen Widerstand. An der »Omaha«-Bucht fügte erfahrene verschanzte Infanterie dem 5. US-Corps schwere Verluste zu. Beim Ausbruch aus seinem Brückenkopf an der »Blutigen Omaha« ließ es 2.400 Tote zurück.

Um Mitternacht des 6. Juni waren 57.000 US- und 75.000 britische und kanadische Truppen gelandet. Es kostete noch sechs Wochen harten Kampfes, ehe die Alliierten in die Normandie durchbrechen und 50.000 zurückweichende Deutsche im Kessel von Falaise gefangennehmen konnten. Paris wurde am 25. August 1944 befreit.

Rechts: Segelflugzeuge bedecken die Landschaft der Normandie nach der Landung, die dem Angriff auf die fünf Zielküsten voranging. Die Fallschirm- und Seglertruppen waren über weite Strecken der Gegend verstreut, viele von ihnen Kilometer von ihren Absprungzonen abgetrieben worden, doch sie stifteten unter den deutschen Verteidigern der Normandie erfolgreich Verwirrung.

Oben: Männer des 5. US-Corps gehen am 6. Juni 1944 in der »Omaha«-Bucht in der Normandie an Land. Der Kampf um die Bucht kostete 2.400 Amerikaner das Leben. Der Soldat »Buster« Hamlett von der 116. Infanteriedivision, der beim Kampf verwundet wurde, erinnerte sich: »Als ich voller Schmerzen zur Bucht zurückging, lagen da Tausende Körper. Du konntest über Leichen gehen, so weit du sehen konntest, ohne den Boden zu berühren«.

Rechts: Ein amerikanischer Infanterist und ein Panzer in der ländlichen Normandie, deren kleine Felder, dichte Hecken und tiefliegenden Wiesen das ideale Terrain für einen Hinterhalt bot.

Links: Männer des Süd-Lancashire-Regiments besetzen die Schwertbucht und ziehen weiter, um Stützpunkte bei Hermanville-sur-Mer, etwa 800 m landeinwärts, einzunehmen. Im Hintergrund erhalten die Verwundeten am Rand des Wassers Erste Hilfe.

HITLERS VERGELTUNGSWAFFEN

Im Morgengrauen des 13. Juni 1944 tuckerte ein kleines unbemanntes Flugzeug mit Stummelflügeln über den Kanal und stürzte etwa 40 km von London entfernt zur Erde. Es gab eine große Explosion, aber keine Opfer. Die erste von Adolf Hitlers Vergeltungswaffen war in England angekommen.

Die V-1 (von den Deutschen als FZG-76 klassifiziert), gebaut von der Luftwaffe, war billig und leicht zu produzieren. Ein gyroskopischer Auto-Pilot brachte sie an ihr Ziel. Die Deutschen wollten London mit 500 V-1 täglich bombardieren. Die fliegende Bombe war nicht besonders genau, doch London war ein sehr großes Ziel. Bis Ende August 1944 hatten die »Wünschelruten«, wie die V-1 genannt wurden, etwa 21.000 Menschen in der Region London getötet oder verwundet. Eine neue Evakuierungswelle begann. Nachts suchten Tausende in den U-Bahn-Schächten Zuflucht wie schon während der früheren Luftangriffe.

Im Herbst 1944 war die Bedrohung durch die V-1 durch schnelle Jagdflugzeuge, massierte Luftabwehrbatterien mit Granaten mit Annäherungszünder sowie durch die Einnahme der Abschußplätze der V-1 in Nordfrankreich durch die Alliierten gebannt. Doch am 8. September tauchte eine neue Bedrohung auf – die V-2-Rakete, ebenfalls von der Deutschen Wehrmacht entwickelt und als A-4 bezeichnet.

Die V-2 ließ sich nicht abschießen, sie kam lautlos heran und stieg etwa 120 km hoch, ehe sie mit vierfacher Schallgeschwindigkeit zur Erde stürzte. Insgesamt fielen 1.115 V-2 auf England, 517 davon auf das Gebiet von London. Weitere 1.000 V-2 fielen während der letzten Kriegsmonate auf Antwerpen, um den Alliierten die Nutzung des Hafens unmöglich zu machen.

Am 27. März 1945 explodierte die letzte V-2, die England erreichte, in Kent, zwei Tage später die letzte V-1 30 km von London entfernt. Die V-Waffen hatten großen Schaden angerichtet und fast 9.000 Menschen getötet. Sie hatten den Briten ein paar schlimme Monate verschafft, und die Alliierten mußten sich ernsthaft mit ihnen auseinandersetzen. Doch nichts von alledem konnte die alliierte Invasion stoppen oder die Moral der Zivilbevölkerung untergraben.

Unten: Eine V-1 stürzt im Zentrum Londons auf die Erde. Was die V-1 besonders schrecklich machte, war die Tatsache, daß sie beim Herannahen deutlich gehört werden konnte. Wenn das Führungssystem den Motor der »Wünschelrute« anhielt, gab es 15 Sekunden Stille, ehe sie aus dem Himmel herunterstürzte. Wenn der Motor aussetzte, nachdem die V-1 einen überflogen hatte, war man in Sicherheit. Wenn nicht, dann konnten diese 15 Sekunden die letzten im Leben sein.

Links: Rettungsteams an der Stelle eines V-1-Einschlages beim Londoner Farrington-Markt am 8. März 1945. Fünf Tage später schlug an einem geschäftigen Morgen eine V-2 auf dem Smithfield-Markt ein und tötete 233 Menschen.

Oben: V-2-Rakete auf ihrer mobilen Abschußrampe, die es ermöglichte, sie von fast jedem ebenen Stück Boden abzufeuern. Die V-2 konnte eine Tonne Sprengstoff über eine Reichweite von 320 km tragen. Doch die Produktion einer V-2 kostete mindestens zwanzigmal soviel wie die der V-1.

DAS RENNEN ZUM RHEIN

Am 15. August 1944 landeten die Alliierten in Südfrankreich und nahmen zwei Wochen später Toulon und Marseilles ein. Im Norden stürmten sie die Niederlande und befreiten am 3. September Brüssel. Am 11. September überquerten amerikanische Patrouillen die deutsche Grenze bei Aachen.

Die Hoffnung, der Krieg sei zu Weihnachten vorüber, zerschlug sich rasch. Ein kühner Versuch mit Luftlandetruppen, das nördliche Ende des Westwalls, der deutschen Verteidigungslinie entlang der holländischen und französischen Grenze, zu nehmen, scheiterte bei Arnheim. Die Briten scheiterten an der Schelde-Mündung und konnten bis November 1944 nicht den lebenswichtigen Hafen Antwerpen benutzen. In den Wäldern der deutschen Front, dem Reichswald und dem Hürtgen, gab es Kämpfe, die an die zähen Gefechte des Ersten Weltkriegs erinnerten.

Oben: Ein MkVI-Tiger-Panzer, zerstört während des Ausbruchs aus dem Normandie-Brückenkopf nahe Caen. Der Tiger, 1942 eingeführt, war im schnellen Kampf schwerfällig, doch stark gepanzert und mit einem mächtigen 88-mm-Geschütz ausgerüstet. Oft war ein halbes Dutzend amerikanischer M4-Sherman-Panzer nötig, die Hauptstütze der britischen und amerikanischen Panzerdivisionen, um einen eingekreisten Tiger auszuschalten.

Links: Amerikanische Luftabwehrgeschütze flankieren die Zugänge zur Eisenbahnbrücke über den Rhein bei Remagen, die von vorgerückten Einheiten der 9. Panzerdivision der 1. US-Armee am 7. März 1945 eingenommen wurde, nachdem deutsche Pioniere sie nicht hatten sprengen können. Die Brücke stürzte zehn Tage später ohnedies von selbst in den Fluß.

Im Dezember 1944 begann Hitler seine letzte große Offensive in den Ardennen, dem Ort seines Triumphes von 1940, doch dieses Mal fehlten ihm die Ressourcen für ein zweites Dünkirchen. Im März 1945 schlossen die Alliierten zum Rhein auf, überquerten ihn an einigen Stellen und brachen ins Herzland des Reiches ein, wobei sie die Deutsche Heeresgruppe B in den Ruinen des Industriegebiets an der Ruhr isolierten.

Rechts: Männer der 6. Britischen Fallschirmjäger-Division verlassen nach der Landung östlich des Rheins am 24. März 1945 ihre Horsa-Segelflugzeuge. Diese Luftlandungen waren Teil der Operation Plunder (Beute), der peinlich genau geplanten Überquerung des Rheins bei Wesel durch Feldmarschall Montgomery.

Unten: Die Soldaten einer geschlagenen Armee. Von der 21. Britischen Armeegruppe im März 1945 gefangengenommene deutsche Soldaten. Im Westen ergaben sich Zehntausende deutscher Soldaten *en masse*. Im Osten bereiteten sie sich auf den Kampf bis zum letzten Blutstropfen gegen die Rote Armee vor, die gerade zum Endangriff auf Berlin, das »Lager des faschistischen Untiers«, rüstete.

DIE VERGESSENE ARMEE: DER BURMA-FELDZUG

Der Verlust von Burma nahm den Briten die »Burma-Straße« als Nachschubweg zum chinesischen Generalissimus Tschiang Kai Schek. Dessen Kampf gegen die Japaner, wie ungeschickt auch immer er durchgeführt wurde, war das Hauptmittel, um feindliche Kräfte vom Krieg im Pazifik abzuziehen.

Der erste britische Versuch, wieder Zugang zur Burma-Straße zu erlangen, wurde Ende 1942 im Arakan, der dunstigen Küstenregion Nordburmas an der Bucht von Bengalen, begonnen. Er wurde von den Japanern von März bis Mai 1943 mit fast verächtlicher Leichtigkeit zurückgeschlagen. Trotzdem stieg die Moral durch den Erfolg einer irregulären Operation der Chindits, einer Infiltrationseinheit unter der Leitung des brillanten und exzentrischen Generals Orde Wingate hinter den feindlichen Linien.

Oben: Japanische Infanterie präsentiert der aufgehenden Sonne an der indisch-burmesischen Grenze die Waffen. Die alliierten Truppen mußten lernen, die Japaner in deren eigenem Element, dem Urwald, zu schlagen, wo der Krieg ebenso ein Kampf gegen den Dschungel wie gegen den Feind war. Die Opfer der Malaria waren zu Beginn des Feldzuges in Burma viel zahlreicher als die im Kampf erlittenen. Später profitierten die Alliierten vom Einsatz von Antibiotika, die ihrem japanischen Feind nicht zur Verfügung standen.

Im Dezember 1943 startete die 14. britische Armee unter Führung General William Slims eine zweite Offensive im Arakan. Sie wurde durch eine zweite Chindit-Operation und durch eine Offensive in China, die der amerikanische General Stilwell anführte, unterstützt. Trotzdem schritt Mitte März 1944 die 15. japanische Armee zum Angriff und bedrohte Indien mit einer Invasion durch die Grenzposten von Imphal und Kohima.

In zwei breitangelegten Schlachten um Imphal und Kohima wurden die Japaner entscheidend geschlagen und hinter den Fluß Chindwin, den Slim im Dezember 1944 überschritt, zurückgeworfen. Slim vollendete die Zerstörung der 15. Armee im März 1945 bei Meiktila und nahm die burmesische Hauptstadt Rangun am 3. Mai 1945 wieder ein. Burma war zurückerobert, und die Japaner zogen sich ungeordnet in Richtung Thailand zurück.

Links: Dschungel-Kämpfer. Diese »Chindits« bildeten Infiltrationsgruppen großer Reichweite, die der damalige Brigadier Orde Wingate für luftunterstützte Operationen hinter den japanischen Linien in Burma gebildet hatte. Ihr Name ist von ihrem Waffenabzeichen, der *chinthe,* abgeleitet, einem Steinlöwen, der den Eingang zu den burmesischen Tempeln bewacht. Im Feld waren die Chindits in 300 Mann starke, sich selbst versorgende »Kolonnen« geteilt, jede mit ihrem eigenen Maultierzug, schweren Waffen und einer Signalabteilung, die von der R. A. F. übernommen wurde. Der verwundete Chindit auf dem Photo hat Glück. Viele Verwundete mußten zurückgelassen werden.

Unten: Luftstreitkräfte waren für den alliierten Sieg im Fernen Osten entscheidend. Bomber unterstützten die Chindits und die Verteidiger von Imphal und Kohima. Mächtige Jäger wie diese amerikanischen P47 Thunderbolts, geflogen von der R. A. F., konnten tief nach Burma vorstoßen und in der Luft und am Boden Ziele ausmachen. Der Thunderbolt war ein robustes Flugzeug von hervorragender Schnelligkeit. Er vertrug ein enormes Maß an Schäden und brachte noch immer seinen Piloten nach Hause.

DAS ARSENAL DER DEMOKRATIE

Der Krieg hätte ohne den massiven Materialbeitrag der amerikanischen Industrie nicht gewonnen werden können. Der amerikanische Sinn für Massenproduktion war eine der wichtigsten Waffen der Alliierten.

Seit März 1941 unterstützten die USA die Briten mit Waffen und Kriegsmaterial. Nach dem Kriegseintritt der USA wurde die Hilfe auf die Sowjetunion ausgedehnt. In den nächsten drei Jahren versorgten die Vereinigten Staaten ihre Verbündeten mit genug ziviler und militärischer Unterstützung, um 2.000 Infanteriedivisionen auszurüsten. Der Schlüssel zum Sieg in Europa und im Pazifik lag in der schieren Größe und Effizienz der amerikanischen Wirtschaft, die die neuesten Geschäftsmethoden auf die Kriegsproduktion und das rasche Anwachsen der amerikanischen Streitkräfte übertrug.

1939 erzeugten die USA nur wenig militärische Ausrüstung für ihre eigenen Zwecke. 1944 fertigten sie knapp 40 Prozent der weltweit produzierten Waffen. 1940 waren nur 346 Panzer in den USA gebaut worden; allein 1944 rollten 17.500 von den Fließbändern. Die Zahlen für den Flugzeugbau stiegen in der Zeit von 1940 bis 1944 von 2.141 auf 96.318.

Unten: Liberty-Schiffe kurz vor ihrer Fertigstellung an der Pazifischen Küste. Als Antwort auf den schweren Verlust an Schiffen im Kampf um den Atlantik in Massenproduktion hergestellt, waren sie von einer einfachen, standardisierten Bauweise, hatten eine Tragfähigkeit von 15.000 Tonnen und wurden von einer einzigen Schraube zu einer Geschwindigkeit von 11 Knoten angetrieben. Bis 1945 waren fast 3.000 Liberty-Schiffe gebaut worden, die im Atlantik, im Mittelmeer und mit den massiven Flottenzügen der US-Marine im Pazifik eingesetzt wurden. Ironischerweise war das Grunddesign für diese immens nützlichen Fahrzeuge von einer Schiffsgesellschaft in Sunderland (England) 1879 entworfen worden.

Ein Ford-Werk beschäftigte im Krieg 42.000 Menschen. Viele der Produkte war für die Sowjetunion gedacht, welche bis 1945 fast 500.000 US-gefertigte Lastwagen und Jeeps geliefert erhielt. Die Soldaten der Roten Armee rückten in amerikanischen Lastwagen nach Berlin vor oder marschierten in amerikanischen Stiefeln westwärts, von denen 15 Millionen Paar in die Sowjetunion gingen. Der sowjetischen Kriegsproduktion wurde durch US-Maschinenteile nachgeholfen, durch hochwertiges Petroleum, Stahl, Kupfer, Lokomotiven und Panzerwagen. Die Schiffsverluste im Atlantik wurden durch den Bau von 300 Liberty-Schiffen, Frachtern für den allgemeinen Gebrauch, deren durchschnittliche Bauzeit bloß 42 Tage betrug, ausgeglichen. Eines der Liberty-Schiffe wurde in fünf Tagen gebaut. Die Kriegsjahre legten den Grundstein für die wirtschaftliche und industrielle Vorherrschaft der Amerikaner nach dem Krieg.

Links: Ein patriotischer Appell, Kriegsanleihen zur Sicherheit der nächsten Generation zu kaufen. Während des Krieges stieg das Bruttonationalprodukt der US-Wirtschaft um 60 Prozent und brachte den meisten Amerikanern einen beispiellosen Wohlstand.

Unten: Frauen bei der Arbeit am Rumpf des B-29-Superfortress-Bombers in der Boeing-Fabrik in Seattle am Pazifik. Frauen fanden in den Flugzeugfabriken neue Arbeitsmöglichkeiten, wo sie oft über 50 Prozent der Arbeitskräfte ausmachten. Als Nettoeffekt ergab sich ein steigender Frauenanteil an der Zahl der Werktätigen.

DER KRIEG DER GEHEIMDIENSTE

Einer der größten alliierten technischen Triumphe des Krieges wurde nicht auf dem Schlachtfeld errungen, sondern in Bletchley Park, dem Heim der Britischen Regierungsschule für Codierung und Verschlüsselung.

Hier entschlüsselten die Briten die streng geheimen Signale der Deutschen, die diese in ihren Enigma-Maschinen verschlüsselt hatten. Eine davon war in britische Hände gefallen. Britische Radioempfangsnetze fingen die scheinbar bedeutungslosen Buchstabengruppen auf, die mit Enigma codiert und im Morse-Code gesendet wurden. Sie wurden aufgeschrieben und nach Bletchley gesandt, wo das Geheimnis von Enigma geknackt wurde, indem man elektromechanische Computer mit der elektrischen Verdrahtung der Enigma-Maschine verband. So fanden die britischen Decodierer die Schlüssel von Enigma, die dreimal am Tag geändert wurden. Viele Enigma-Signale wurden von den Briten genauso schnell gelesen wie von den Deutschen.

Rechts: General Heinz Guderian, Kommandant des XIX. Panzercorps, in seinem gepanzerten Kommandowagen 1940 in Frankreich. Im Vordergrund eine Enigma-Verschlüsselungsmaschine mit ihrer Schreibmaschinentastatur. Im Inneren der Maschine befand sich ein kompliziertes System von Zahnrädern, elektrischen Drähten und Walzen. Jede der Walzen trug an der Oberfläche ein Alphabet. Jeder auf der Enigma-Tastatur geschriebene Buchstabe konnte durch die Walzen im Inneren in eine unendliche Vielzahl von Buchstaben übersetzt werden. Die Deutschen waren überzeugt, daß die von Enigma kodierten Botschaften, in denen keine offensichtlichen Strukturen erkennbar waren, unentschlüsselbar waren.

Die Information aus den entschlüsselten Enigma-Signalen trug den Decknamen *Ultra*. Sie reichte von Routinebefehlen bis zu detaillierten Schlachtplänen. *Ultra* wurde mit größter Geheimhaltung behandelt, um die Deutschen nicht merken zu lassen, daß ihr Code geknackt worden war. Die Briten teilten *Ultra* mit den Amerikanern, doch ihre sowjetischen Verbündeten versorgten sie nur mit Zusammenfassungen. Es gab aber in Bletchley mindestens einen sowjetischen Spion. Dieser war John Cairncross, der die sowjetische Aufklärung mit einem detaillierten Bild von *Ultra* versorgte. Bis Kriegsende merkten die Deutschen nicht, daß der angeblich unlösbare Enigma-Code geknackt worden war.

Unten: Der japanische Träger *Hiryu* in der Schlacht von Midway im Juni 1942 in Flammen. Lange vor Japans Kriegseintritt hatte die US-Marine seinen Marine- und diplomatischen Code geknackt. Die Information aus diesen Codes spielte beim amerikanischen Sieg in Midway eine Schlüsselrolle.

Unten: Admiral Yamamoto (rechts), der Kommandant der Vereinigten Japanischen Flotte. Im April 1943 ermöglichten es abgehörte und entschlüsselte japanische Meldungen den amerikanischen Jägern, Yamamoto während einer Inspektionstour im Westpazifik abzufangen und abzuschießen.

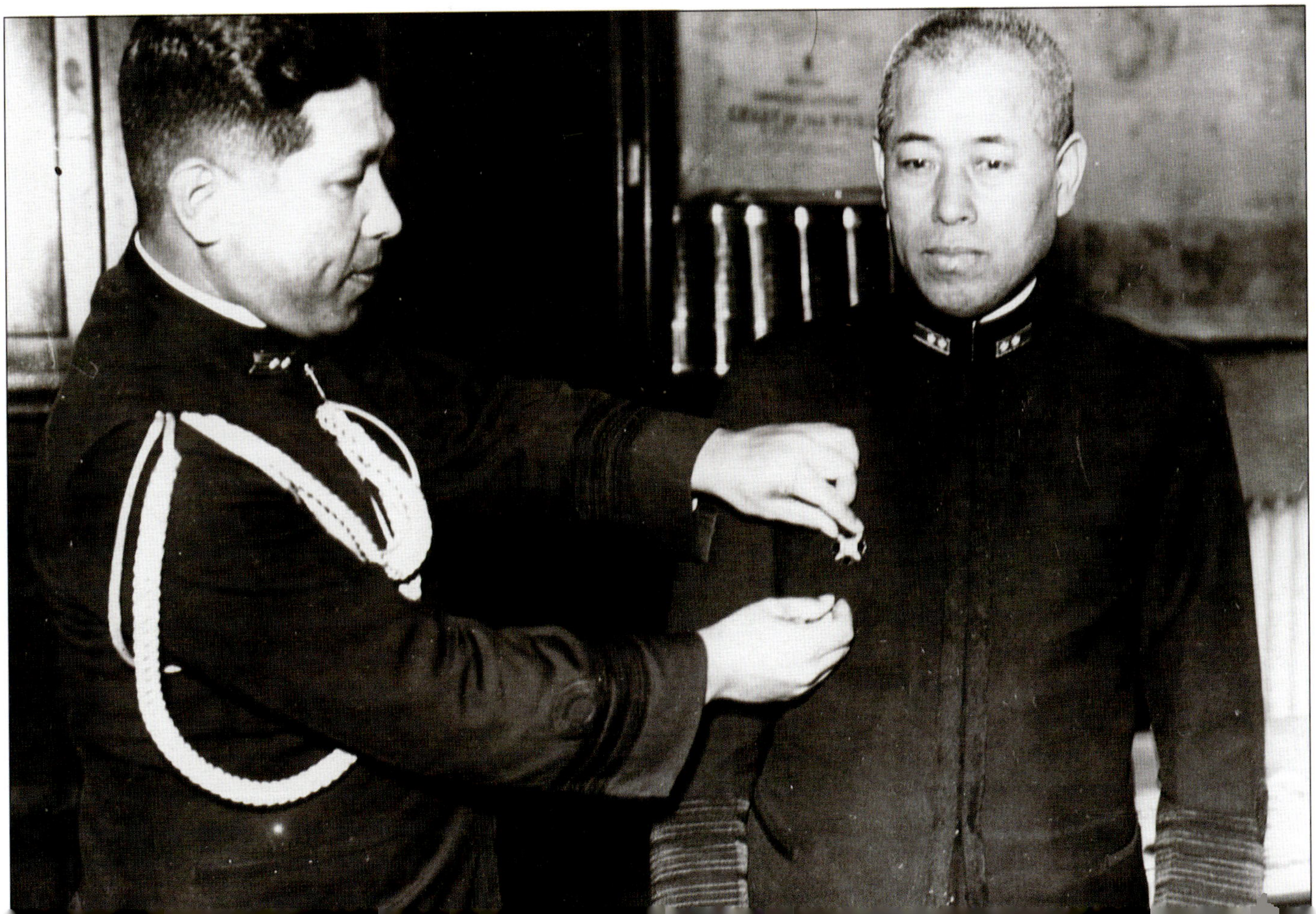

DIE FELDHERREN

Der Krieg brachte viele militärische Führer mit bemerkenswert unterschiedlichen Kommandostilen hervor. Bis heute werden ihre Stärken und Schwächen von Militärhistorikern diskutiert und analysiert, und die Debatten sind noch nicht abgeschlossen.

Den westlichen Alliierten war es wichtig, daß in den höchsten Positionen Männer saßen, die ebenso Diplomaten wie Soldaten waren. Diese Eigenschaften verband der amerikanische General Dwight D. Eisenhower, Oberbefehlshaber der Alliierten Streitkräfte in Europa seit Dezember 1943. »Ike« war kein kämpfender General, doch sein ausgeglichener Charakter hielt eine Koalition zusammen, in der leicht erregbare Untergebene wie Patton und Montgomery manchmal mehr gegeneinander als gegen den Feind zu kämpfen schienen.

Unten: General Dwight D. Eisenhower mit Soldaten der 101. US-Fallschirmspringer-Division wenige Stunden vor Beginn der Invasion in der Normandie. Eisenhower bleibt das Gegenstück zum bevormundenden Kommandanten.

Patton und Montgomery waren alles andere als diplomatisch, doch entfachten sie bei ihren Truppen enorme Begeisterung, ebenso wie Montys brillanter Gegner Rommel, der »Wüstenfuchs«, eine der wenigen romantischen Gestalten des Krieges und ein General, der an der Front führen wollte, wie auch der Panzerexperte Guderian. Auf deutscher Seite ragte jedoch ohne Zweifel von Manstein heraus, der Mann, der für Hitlers Entscheidung verantwortlich war, 1940 durch die Ardennen loszuschlagen, und der gefürchtetste Gegner der Roten Armee an der Ostfront, wo er sich als Meister des vernichtenden Gegenschlages gegen einen russischen Durchbruch erwies.

Drei Befehlshaber ragten aus dem Rest heraus: Der Japaner Yamamoto, der Amerikaner MacArthur und der Russe Schukow. Admiral Yamamoto war der lenkende Geist hinter dem Angriff auf Pearl Harbor, garantierte in weiser Voraussicht aber Kaiser Hirohito nur sechs Monate den Sieg. General Douglas MacArthurs Kriegskarriere begann mit dem Verlust der Philippinen, von dem er sich erholte, um sein meisterhaftes Verständnis der Möglichkeiten kombinierter Operationen im Pazifik auszuspielen. Eitel, taktlos und dominant, war MacArthur dennoch ein Befehlshaber mit taktischem Geschick und strategischer Vision. Der dritte der großen Kommandanten war der sowjetische Marschall Georgi Schukow, der die meiste Zeit des Krieges als Beauftragter Höchster Oberbefehlshaber in Militärangelegenheiten direkt unter Stalin stand. Schukow gewann für Stalin die Schlachten: Im Dezember 1941 bei Moskau, ein Jahr darauf in Stalingrad, im Sommer 1943 in Kursk und von da den gesamten Weg bis nach Berlin im April 1945.

Oben: Feldmarschall Erwin Rommel, eine charismatische Gestalt, die ein tragisches Ende fand. Der Komplizenschaft am Putschversuch gegen Hitler am 20. Juli 1944 verdächtigt, wurde Rommel die Wahl zwischen Selbstmord mit Gift und einem Schauprozeß gelassen. Rommel wählte das Gift und wurde mit vollen militärischen Ehren bestattet.

Links: Der Meister der amphibischen Kriegsführung. General Douglas MacArthur mit seinem Markenzeichen, der Maiskolbenpfeife, und – wie gewöhnlich – einer Menge Kameramänner im Gefolge.

Unten: Marschall Schukow auf den Stiegen des Reichstages nach dem Fall von Berlin. Obwohl Schukow für sowjetische Verhältnisse mit dem Leben der Millionen Männer unter seinem Kommando ökonomisch umging, brachte er denoch eine Unbarmherzigkeit aufs Schlachtfeld, die für die westlichen Alliierten unannehmbar gewesen wäre.

Linke Seite: General (später Feldmarschall) Montgomery bei El Alamein in seinem Grant-Kommandopanzer. Montgomerys Spürsinn für Publizität war gepaart mit einem äußerst sorgfältigen Herangehen an die Kriegsführung und mit dem Beharren auf dem Anhäufen maximaler Kraft, ehe er den Angriff eröffnete. Häufig wegen seiner Übervorsicht kritisiert, war er doch der herausragende Schlachten-Sieger der britischen Armee.

DER STURM AUF BERLIN

Am 12. Jänner 1945 brach die Rote Armee von ihren Brükkenköpfen an der Weichsel aus durch, drang bis zur Oderlinie vor und brachte so Schukows 1. Weißrussische Front bis 80 km vor Berlin. Vor den Truppen der Roten Armee rollte die Welle der deutschen Flüchtlinge, die aus ihrer ostpreußischen Heimat vertrieben wurden.

Hitler hatte Berlin zur Festung erklärt, doch es war ein Bollwerk, das nur in seiner Einbildung existierte, verteidigt von zerschmetterten Truppeneinheiten und den Knaben und alten Männern des Volkssturms.

Am 16. April, nach massiven Vorbereitungen, begann Stalin den endgültigen Vormarsch nach Berlin, wissend, daß die Briten und Amerikaner das Wettrennen um die deutsche Hauptstadt aufgegeben hatten. Bis zum 27. April wurden die Verteidiger Berlins in einen schmalen Ost-West-Korridor von etwa 5 km Breite und 20 km Länge zusammengedrängt.

Die Stadt war von der Außenwelt abgeschnitten. Die russischen Granaten schlugen im Stadtzentrum ein und erschütterten den unterirdischen Führerbunker. Am 30. April beging Hitler im Bunker Selbstmord. Am 2. Mai ergab sich General Weidling, der Kommandant dessen, was von Berlins Besatzung übriggeblieben war, der Roten Armee. Eine allgemeine Kapitulation der deutschen Streitkräfte erfolgte am 7. Mai im Quartier Eisenhowers in Reims und am 8. Mai bei Schukow in Berlin.

Links: Russische Panzer rollen in Berlin ein. Bei der Eroberung der Stadt verlor die Rote Armee fast 305.000 Mann, die höchste Opferzahl, die sie in einem der Kämpfe des Krieges zu verzeichnen hatte. Mindestens 100.000 deutsche Soldaten und Zivilisten starben in der Schlacht.

Oben: Die Rote Fahne über dem Reichstag, den die Russen am 30. April 1945 eroberten. Nur 90 Meter entfernt hatten Hitler und seine Geliebte Eva Braun im Führerbunker Selbstmord begangen. Am 25. April hatten die US- und die russischen Truppen einander bei Torgan an der Elbe getroffen.

Links: Das letzte Aufgebot des Reiches. Männer des Berliner Volkssturms, viele von ihnen mit Panzerfäusten bewaffnet, werden im Dezember 1944 gemustert. Alle Männer zwischen 16 und 60, die nicht bei den Streitkräften, aber fähig waren, Waffen zu tragen, waren verpflichtet, im Volkssturm zu dienen.

Rechts: Die jüngsten Verteidiger des Dritten Reichs. Von den Russen in der Schlacht von Berlin gefangengenommene Jungen der Hitler-Jugend.

DER VE-TAG

Im Frühling 1945 schien das Ende des Krieges gekommen zu sein. Mit der Bekanntgabe von Hitlers Tod erreichten die Erwartungen des Sieges im Westen den Höhepunkt, doch man ließ die Leute noch warten.

Der Grund dafür war eine Übereinkunft der Alliierten, erst dann von Frieden zu reden, wenn die Deutschen die Kapitulationsverträge in Reims und Berlin unterzeichnet hätten. Die Journalisten in Reims wurden streng kontrolliert, doch dies hinderte einen vorwitzigen Associated-Press-Mann nicht daran, die Geschichte herauszubringen. Die Nachricht von der deutschen Aufgabe erreichte am 7. Mai New York. Der alliierte Oberbefehlshaber Eisenhower tobte, doch die Bevölkerung von Big Apple drehte durch. Der britische Rundfunk erklärte, der 8. Mai sei *Victory in Europe Day* (VE-Tag) und ein Feiertag.

Unten: Königin Elizabeth, König George VI. und Winston Churchill, flankiert von Prinzessin Elizabeth und Prinzessin Margaret, bei einem ihrer vielen Auftritte am VE-Tag auf dem Balkon des Buckingham Palastes.

In England wurde der VE-Tag mit Straßenpartys und Freudenfeuern gefeiert, beide schon seit langem vorbereitet. Hitler ging auf vielen Scheiterhaufen in den Vororten in Rauch auf. Die Lichter, die in dieser Nacht in den Städten leuchteten, erschreckten viele kleine Kinder, die mit der Verdunkelung aufgewachsen waren.

Die Freude war gepaart mit Traurigkeit über den Verlust geliebter Menschen in sechs Kriegsjahren und mit dem Bewußtsein, daß im Fernen Osten erst noch ein Krieg gewonnen werden mußte.

Links: Eine Menge drängt sich im Zentrum Londons während der Feiern des VE-Tags auf einem Laster. Die Briten jubelten, doch würden sie bald die Auswirkungen vom »Morgen danach« verspüren. Britannien war durch den Krieg buchstäblich bankrott geworden und stand, wie es der Wirtschaftswissenschaftler Maynard Keynes ausdrückte, vor einem »finanziellen Dünkirchen«.

Rechts: Während Europa über das Ende einer üblen Tyrannei frohlockt, sitzen zwei ältere Berliner in den Trümmern des Dritten Reichs.

ÜBER DEN PAZIFIK

Nach der Säuberung von Guadalcanal rückten die Alliierten mit einer Strategie nach Japan vor, die »Inselhüpfen« genannt wurde. Eine nach der anderen wurden die Inseln von den alliierten Streitkräften erobert, während die großen japanischen Basen isoliert wurden und »am ausgestreckten Arm verhungerten«. Die letzten Angriffe auf das japanische Mutterland erfolgte von den Philippinen aus auf Okinawa, von den Marianen gegen Iwo Jima und von den Aleuten aus.

Das US-Marine-Korps, das sich an der vordersten Front dieser amphibischen Operationen befand, stieß auf fanatischen Widerstand. Auf dem Atoll von Tarawa, das im November 1943 nach hartem Kampf eingenommen wurde, ergaben sich nur 146 von fast 5.000 Japanern. Im Februar und März 1945 forderte die Einnahme von Iwo Jima, einer Insel von 20 km², das Leben von 7.000 Amerikanern und 19.000 Verwundete. Ähnlich viele US-Truppen kostete der Kampf um Okinawa, eine der grimmigsten Schlachten des Krieges, in der 11.000 japanische Soldaten und 150.000 Zivilisten starben, von denen viele den Selbstmord der Gefangenschaft vorzogen.

Oben: US Marines stürmen im November 1943 bei Tarawa über das offene Feld. Tarawa war von einem hohen Riff umgeben, auf welches viele landende Schiffe aufliefen, sodaß die Soldaten unter mörderischem Feuer weit bis ans Land waten mußten. Daraufhin steigerte das Marinekorps die Produktion von amphibischen Kettenfahrzeugen (Amtracs), die auf dem Land und über schwer verteidigte Buchten fahren konnten, ehe sie die Truppen, die sie beförderten, entließen.

Der pazifische Vorstoß löste heftige Seeschlachten aus, in welchen die japanische Marine von der amerikanischen Luftwaffe zerschlagen wurde. Mitte 1944 hatte sie alle 15 japanischen Flugzeugträger, die seit 1941 ihren Dienst aufgenommen hatten, versenkt oder außer Gefecht gesetzt.

Rechts: US Marines schmiegen sich in den schwarzen Sand von Iwo Jima, Schauplatz einer der härtesten Schlachten im Pazifischen Krieg. Iwo Jima lag nur zwei Flugstunden von Japan entfernt, sodaß es ein Schlüsselobjekt beim Vormarsch gegen das japanische Kernland war. Die Insel, überragt vom Mount Suribachi, der sich hinter den Männern an der Küste erhebt, war stark befestigt und wurde von 22.000 Mann bis zum letzten Blutstropfen verteidigt. Nur 212 von ihnen zogen es vor, sich zu ergeben.

Unten: Amtracs rattern am 1. April 1945 nach Okinawa, während die 16-Zoll-Geschütze eines US-Schlachtschiffes die Landlinie bestreichen. Bei der Einnahme der Insel erlitten die amerikanischen Bodentruppen ihre schwersten Verluste im Pazifischen Krieg, allein 7.500 Tote. Über 5.000 Angehörige der US-Marine starben bei Kamikaze-Angriffen auf ihre Schiffe, von denen 38 versenkt wurden.

DIE ZERSTÖRUNG JAPANS

Lange waren die japanischen Inseln außerhalb der Reichweite der amerikanischen Bomberstützpunkte. Erst die Einnahme der Marianen von Juni bis August 1944 bot der USAAF das Sprungbrett, von dem aus ihre B-29-Bomber gegen Japans Städte fliegen konnten.

Seit November 1944 hatten sich die B-29 des 21. Bomberkommandos auf Präzisionsangriffe auf die japanische Kriegsindustrie konzentriert, doch nur begrenzte Erfolge erzielt. Anfang 1945 wurde der Akzent auf eine allgemeine Bombardierung verlagert, mit dem Ziel, die Bevölkerung zu demoralisieren und die dichte Bebauung, den wunden Punkt japanischer Städte bei Brandbombenangriffen, auszunutzen.

In der Nacht vom 9. auf den 10. März 1945 wurde das Pulverfaß Tokio gezündet, als fast 300 B-29 einen verheerenden Angriff starteten, der über

Unten: Ein japanisches Flugzeug stürzt während des Kampfes um die Marianen-Inseln im Juni 1944 brennend vom Himmel.

Links: Boeing-B-29-Superfortress-Bomber am 29. Mai 1945 über Yokohama. Die B-29 wurde seit 1944 und ausschließlich im Pazifik eingesetzt. Sie besaß eine gepanzerte Nase, ebensolche Rumpfteile sowie ferngesteuerte Geschütztürme. Bei etwa 400 km/h konnte die B-29 2.250 kg Bomben in einer Höhe von 9.000 m über eine Strecke von 2.900 km tragen, über kürzere Strecken sogar eine Nutzlast von bis zu 9.000 kg. Während die Bomber Japans Städte rasierten, verstärkten die U-Boote den Druck, indem sie Öl- und Frachtschiffe versenkten, von denen der Nachschub der japanischen Kriegsmaschinerie abhing.

250.000 Gebäude zerstörte, mindestens 100.000 Menschen tötete und eine weitere Million aufs Land trieb. Fast völlig ungestört ebnete das 21. Bomberkommando Stadt für Stadt ein. Ende Juni waren etwa die Hälfte der bebauten Gebiete von Tokio, Nagoya, Osaka, Kawasaki, Kobe und Yokohama von Brandbomben zerstört. Marineaktivitäten an den Küsten waren unmöglich, weil die amerikanischen Bomber im Wasser rund um die Inseln des japanischen Kernlandes Tausende von akustischen und magnetischen Minen gelegt hatten. Ende Juli gab es buchstäblich keine Ziele mehr.

Links: Träger und Flugzeuge, die Grundlage der amerikanischen Luftmacht im Pazifik. Curtiss-SB2C-Helldiver-Bomber kehren im Jänner 1945 nach einem Schlag gegen japanische Schiffe im Chinesischen Meer zum Träger *Hornet* zurück. Der schwere Helldiver war schwierig zu fliegen und bei den Luftmannschaften, die ihm den Spitznamen »Hurensohn Zweiter Klasse« gaben, nicht sehr beliebt.

Rechts: Das Kampfdeck des US-Trägers *Bunker Hill* am 11. Mai 1945 nach direkten Treffern durch zwei Kamikaze-Flugzeuge innerhalb von einer Minute während des Kampfes um Okinawa.

DER BAU DER ATOMBOMBE

In der Dämmerung des 16. Juli 1945 zerbarst über der Wüste von New Mexico ein kolossaler Feuerball, der den Sand zu Glas schmolz und mit einer Energie explodierte, die 20.000 Tonnen TNT entsprach. Eine riesige Pilzwolke schoß Tausende Meter hoch in den Himmel. Mit der Erprobung der Atombombe zog eine neue Ära der Kriegsführung herauf.

Nach dem Angriff auf Pearl Harbor wurden die brillantesten Wissenschaftler der Alliierten in extra gebauten Labors in Los Alamos in New Mexico zusammengezogen. Bis 1945 arbeiteten etwa 125.000 Menschen im streng geheimen Manhattan-Projekt am Bau einer Atombombe. Erst nach dem Krieg merkten die Wissenschaftler der Alliierten, daß die deutsche Atomwaffenforschung hinter der der Alliierten um mindestens zwei Jahre hinterherhinkte. Hitlers Bombe blieb ein Phantom.

Nur in Amerika konnten die massiven Ressourcen, die zur Entwicklung der Bombe nötig waren, konzentriert werden. Die Kosten dafür lagen bei etwa zwei Milliarden Dollar. Drei Wochen nach dem Test in Nevada wurde die Bombe gegen Japan eingesetzt. Präsident Roosevelts Nachfolger, Harry S. Truman, hatte erfahren, daß eine Invasion des japanischen Mutterlands bis zu eine Million Opfer fordern würde. Um ein rasches Ende des Krieges im Pazifik herbeizuführen und um der Sowjetunion eine Demonstration der US-Militärkraft zu geben, gestattete Truman den Einsatz der Bombe gegen japanische Städte.

Am 6. August warf ein amerikanischer B-29-Bomber eine Uran-235-Version der Bombe, den torpedoförmigen »Little Boy«, auf Hiroshima und tötete 78.000 Menschen. Am 9. August warf eine andere B-29 »Fat Man«, eine knollige Plutonium-Bombe, auf Nagasaki, wo 35.000 Menschen starben. Japan kapitulierte am 2. September formell vor den Alliierten.

Links: Der Mann, der die Bombe abwarf, Colonel Paul Tibbets, der Leiter der Crew 15, deren Männer den Abwurf der Atombomben auf Japan übten. Am 6. August 1945 flog er seine B-29, nach seiner Mutter »Enola Gay« genannt, nach Hiroshima, und warf aus einer Höhe von 9.480 m die sechs Tonnen schwere Nuklearwaffe »Little Boy« ab. Die Sprengkraft der Bombe entsprach etwa der Bombenlast von 2.000 B-29 mit herkömmlichem hochexplosivem Sprengstoff.

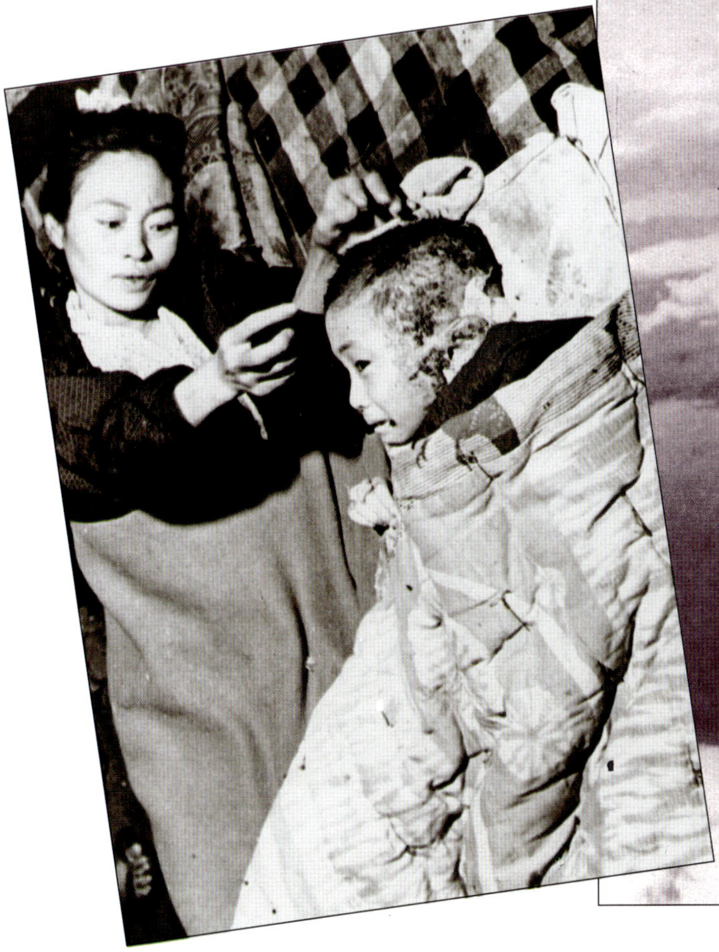

Linke Seite: Der Tiefpunkt. Die Trümmer Hiroshimas einige Tage nach dem Atombombenangriff. Über 100.000 Japaner wurden von den Atombomben auf Hiroshima und Nagasaki getötet. Später starben noch Tausende an der Strahlenkrankheit.

Oben links: Ein Opfer der Atombombe in einem Notspital in Hiroshima. Die Narben der Stadt Hiroshima mögen heute verheilt sein, nicht aber die physischen Narben der Überlebenden, welche der Explosion der Bombe voll ausgesetzt waren.

Oben: Eine pilzförmige Wolke steigt nach der Explosion der zweiten Atombombe am 9. August 1945 6.000 m hoch über Nagasaki auf.

DIE NACHWIRKUNGEN

Im Spätsommer 1945 war die Welt vom Krieg erschöpft. Die Städte Deutschlands und Japans lagen in Trümmern. Hiroshima und Nagasaki waren von Atombomben vernichtet worden.

In Europa und in Südostasien waren riesige Gebiete verwüstet. Straßen, Eisenbahn- und Kanalsysteme waren zerstört. Häfen waren voller Wracks. Europa drohte nach einer strengen Trockenperiode, gefolgt von einer katastrophalen Ernte in den schwerstbetroffenen Gebieten, eine Hungersnot. Im Westen der Sowjetunion waren 25 Millionen Menschen obdachlos.

Europas Zukunft sah trübe aus. Das Bündnis zwischen den Vereinigten Staaten, Britannien und der Sowjetunion zerbrach schnell. Europa wurde in zwei getrennte und feindliche Lager geteilt: Osteuropa, das bereits von der Sowjetunion dominiert wurde, und Westeuropa, das bald von den Vereinigten Staaten vom politischen und wirtschaftlichen Zusammenbruch geheilt wurde. Der Brennpunkt des Kalten Krieges war das geteilte Deutschland und seine frühere Hauptstadt Berlin, die tief in der sowjetischen Besatzungszone lag.

Nicht die Völker, die 1939 in den Krieg gezogen waren, diktierten die Bedingungen des Friedens. Die alliierte Strategie der späteren Kriegsjahre und die Struktur der Nachkriegswelt wurden von zwei nichteuropäischen Mächten, den Vereinigten Staaten und der Sowjetunion, festgelegt. In Osteuropa wurde die sowjetische Vorherrschaft etabliert. 1945 vertauschte Polen, für das die Briten und Franzosen 1939 in den Krieg eingetreten waren, die Besetzung durch die Deutschen mit einer langen sowjetischen Tyrannei.

Unten: Erbeutete Standarten werden vor Lenins Grab auf dem Moskauer Roten Platz auf einen Haufen geworfen.

Links: In der russischen Besatzungszone wird Brot an Berliner verteilt. Im Sommer 1945 stand das Wirtschaftsleben in Deutschland still. In den Städten durchsuchten die Menschen den Schutt nach irgend etwas Brauchbarem. Die strenge alliierte Kontrolle der Geldzufuhr ermunterte einen blühenden Schwarzmarkt, auf dem Zigaretten zur Grundeinheit des Tauschhandels wurden. In dieser Welt konnte vielleicht ein antiker Perserteppich gegen einen Sack Kartoffeln eingetauscht werden. Der Schwarzmarkt hielt Tausende Menschen in Bewegung, die auf der Suche nach seltenen Tauschgegenständen in vollgepackten Zügen herumfuhren.

Im Pazifik sicherte die Niederlage Japans die amerikanische Vorherrschaft. Die Erniedrigung, die die Japaner 1941 bis 1942 den Kolonialmächten im Fernen Osten zugefügt hatten, hatte zur Folge, daß die Reiche, für deren Wiedererlangung die letzteren so viel Blut und Vermögen geopfert hatten, schon bald von einer Welle des Nationalismus bedroht wurden.

Oben: Rauher Winter. Deutsche Flüchtlinge aus dem von den Russen besetzten Osteuropa am Stadtrand von Berlin. Im Dezember 1945 war jeder fünfte Bewohner der westlichen Besatzungszonen ein Flüchtling, genannt »displaced person« oder DP.

Unten: Die Angeklagten beim Kriegsverbrecherprozeß, der im November 1945 in Nürnberg begann. Links der massige Hermann Göring, daneben mit verschränkten Armen Rudolf Hess, Hitlers früherer Stellvertreter, der während des Prozesses von seinen Mitangeklagten ignoriert wurde. Zur Linken von Hess sitzen Ribbentrop, ehemaliger deutscher Außenminister, und Feldmarschall Keitel, Stabschef der deutschen Armee.

DIE VERLUSTE

Schätzungen zufolge kostete der Zweite Weltkrieg etwa 64 Millionen Menschen das Leben, 24 Millionen Soldaten und 40 Millionen Zivilisten. Die schwersten Verluste erlitt mit 8,6 Millionen Toten oder vermißten Soldaten und fast 8 Millionen getöteten Zivilisten die Sowjetunion. Neue Zahlen aus russischen Archiven legen nahe, daß diese Zahl sogar nach oben korrigiert werden muß. Die meisten der sowjetischen Zivilisten, hauptsächlich Ukrainer und Weißrussen, starben als Folge von Entbehrung, Repressalien und Zwangsarbeit. Relativ gesehen litt Polen am meisten von allen kämpfenden Ländern. Etwa 8 Millionen Menschen – ein Viertel der Bevölkerung – waren gestorben. Die Zahl der Toten in Warschau war höher als die der Opfer Britanniens und der Vereinigten Staaten zusammen.

In Jugoslawien tötete der zivile und der Guerillakrieg mindestens eine Million Menschen. Die Zahl der zivilen und militärischen Opfer in Osteuropa wurde durch die Heftigkeit des Krieges an diesem Schauplatz und durch die deutsche rassistische Unterdrückung der Juden und Slawen in die Höhe getrieben. Trotzdem waren die Opferzahlen auch in Frankreich, Italien und den Niederlanden schlimm genug. Vor dem Juni 1940 und nach dem November 1942 verlor die französische Armee 200.000 Mann; 400.000 französische Zivilisten starben bei Luftangriffen oder in Konzentrationslagern. Die italienischen Verluste betrugen 330.000, die Hälfte von ihnen Zivilisten. In Holland starben als Folge des Bombardements oder durch Deportation 200.000 – bis auf 10.000 alle Zivilisten. Deutschland verlor 3,5 Millionen Soldaten, tot oder vermißt, und 2 Millionen Zivilisten. Die westlichen Alliierten erlitten keine derart furchtbaren Verluste, doch der Preis des Sieges war hoch. Die bewaffneten britischen Streitkräfte verloren 240.000 Mann und ihre Verbündeten aus dem Commonwealth noch einmal 100.000. Etwa 60.000 britische Zivilisten starben durch die Bomben der Luftwaffe und die V-Waffen. In den Vereinigten Staaten gab es keine zivilen Opfer. Die militärischen Verluste der Amerikaner betrugen 292.000 Mann, tot oder vermißt. Dagegen verloren die Japaner im Kampf 1,2 Millionen Mann. Und fast eine Million japanische Zivilisten starben im Krieg.

Unten: Alliierte Opfer nach dem mißlungenen Angriff bei Dieppe über den Kanal im August 1942. Die Operation mit dem Decknamen Jubiläum wollte die sowjetische Angst wegen des Fehlens einer »zweiten Front« in Europa beschwichtigen, doch führte sie zu schweren Verlusten. Obwohl der Angriff umstritten bleibt, versorgte er doch die alliierten Planer mit einer Menge Informationen, die bei der Vorbereitung und Ausführung der Invasion in der Normandie im Juni 1944 von großem Nutzen waren.